남극 대륙에 펼쳐진 위대한 도전

아문센과 스콧

본문 그림 김민철

김민철 선생님은 서양화를 전공했으며 어린이 책 전문 일러스트레이터로 활동하고 있습니다.
그린 책으로《푸른 손수건》,《태양인 이제마》,《초록 대문 집에 편지가 오면》 등이 있습니다.

부록 그림 김부일

김부일 선생님은《한국일보》에서 일러스트, 인포메이션 그래픽 업무를 했으며
'뉴시스' 멀티미디어 팀 부장,《데일리줌》만화 팀장 등을 역임했습니다.
현재 (주)김부일커뮤니케이션을 설립하여 다양한 기획 및 일러스트를 진행하고 있습니다.

표지 그림 청설모

청설모 선생님은 중앙대학교에서 한국화를 전공했으며
《스포츠서울》, '다음 미디어',《씨네21》 등 다양한 대중 매체에 만화를 연재해 왔습니다.
이 밖에 'SK 텔레콤' 등에 플래시 애니메이션을 제작해 제공하기도 했습니다.

웅진생각쟁이인물 48

아문센과 스콧

초판 1쇄 발행 2008년 8월 25일
초판 20쇄 발행 2018년 9월 19일

지 은 이 엄홍길
펴 낸 이 이재진
연구개발실장 장윤선
편집진행 그림자리_구준회 강명옥 김혜영 한보미
디 자 인 dnb_이영수 박소연 김윤정 www.idnb.co.kr
사진제공 포인스 연합포토 유로포토
마 케 팅 신동익 정지운
제   작 신홍섭

펴 낸 곳 (주)웅진씽크빅
주   소 경기도 파주시 회동길 20 (우)10881
주문전화 02-3670-1005, 1024 팩스 031-949-1014 문의전화 031-956-7351(편집) 02-3670-1005(영업)
홈페이지 wjbooks.co.kr/WJBooks/Junior 블로그 wj_junior.blog.me 페이스북 facebook.com/wjbook 트위터 @wjbooks
인스타그램 @woongjin_junior 출판신고 1980년 3월 29일 제406-2007-00046호 제조국 대한민국

ⓒ 엄홍길 2008 (저작권자와 맺은 특약에 따라 검인을 생략합니다)
ISBN 978-89-01-08529-6
ISBN 978-89-01-07192-3(세트)

웅진주니어는 (주)웅진씽크빅의 유아·아동·청소년 도서 브랜드입니다.
이 책은 저작권법에 따라 보호받는 저작물이므로 무단 전재와 무단 복제를 금지하며,
이 책 내용의 전부 또는 일부를 이용하려면 반드시 저작권자와 (주)웅진씽크빅의 서면동의를 받아야 합니다.

잘못된 책은 바꾸어 드립니다.
※주의 1_책 모서리가 날카로워 다칠 수 있으니 사람을 향해 던지거나 떨어뜨리지 마십시오.
       2_보관 시 직사광선이나 습기 찬 곳은 피해 주십시오.
웅진주니어는 환경을 위해 콩기름 잉크를 사용합니다.

웅진생각쟁이인물 48

남극 대륙에 펼쳐진 위대한 도전
아문센과 스콧

엄홍길 지음

씽크하우스

머리말

대자연과 인간의 위대함

　나는 히말라야의 열여섯 봉우리 등 세계적으로 높고 험한 산에 오르는 동안 온갖 경험들을 다 했습니다. 죽음의 문턱을 수없이 오가고, 인간이 겪을 수 있는 극한의 상황에 수없이 부딪쳤지요. 실제로 많은 동료들의 죽음을 눈앞에서 지켜보았습니다. 그러나 99%의 좌절 속에 남아 있는 1%의 실오라기 같은 희망 때문에 나는 산을 포기할 수 없었습니다.
　죽을힘을 다해서, 아니 죽음도 두렵지 않은 상태에서, 삶과 죽음의 경계를 넘어서야 정상에 설 수 있습니다.
　나는 이 책을 쓰는 동안 아문센과 스콧과 함께 삶과 죽음을 넘나들며 대자연의 위대함, 그리고 인간의 위대함을 또 한 번 경험했습니다. 참으로 값진 경험이었지요.
　산은 정복의 대상이 아닙니다. 산이 허락하면 인간이 잠시 정상을 빌리는 것뿐이지요.
　강철 같은 의지는 정상 등정의 필수 조건이지만, 산이란 인간의 의지만으로는 오를 수 없습니다. 최선을 다하면 신도 나를 돌볼 것이라고 믿는 것이 우리 인간이 할 일이지요.

꿈을 지니고 살면 꿈으로 향하는 길이 보입니다.
힘든 꿈일수록 그 길에는 보람의 땀이 있습니다.
그래서 나는 오늘도 새로운 꿈을 꿉니다.
사람들은 다 이루지 않았느냐고, 무얼 더 하려느냐고 하지만
인생은 과정이기 때문에 죽는 순간까지는 오르고 또 올라야 합니다.
더 높이 올랐을 때 보이는 더 많은 것들을
사랑하는 사람들과 함께 나누며 살고 싶습니다.

엄홍길

차례

머리말	4
남극 최고봉에서 아문센과 스콧을 떠올리다	8
생각쟁이 열린마당 세계의 지붕 히말라야 산맥을 향한 도전	28
거듭된 탐험으로 유명해진 스콧	32
생각쟁이 열린마당 미지의 세계를 찾아 모험을 한 사람들	47
남극을 향한 항해를 시작하다	50
생각쟁이 열린마당 남극을 향해 돛을 올린 프람호와 테라노바호	63
남극 위에 펼쳐진 세기의 도전	66
생각쟁이 열린마당 빙하에서 빙상, 빙산, 유빙까지	78
아문센에게 점점 뒤처지는 스콧	80
생각쟁이 열린마당 자연을 극복한 에스키모의 지혜	93

목숨을 내건 얼음과의 전쟁	96
생각쟁이 열린마당 세계 탐험에 앞장선 영국 왕립 지리학회	115
멈춰, 여기다!	118
생각쟁이 열린마당 탐험가들을 괴롭혔던 동상	135
두 도전자의 엇갈린 운명	138
생각쟁이 열린마당 남극 하늘에 뚫린 오존 구멍	151
아름다운 패배자 스콧이 남긴 것	154
생각쟁이 열린마당 해가 지지 않는 나라, 대영 제국	166
아문센의 멈추지 않는 도전	168
아문센과 스콧의 발자취	174

남극 최고봉에서
아문센과 스콧을 떠올리다

빈슨매시프 산 정상에서

새해를 앞둔 2007년 12월 28일, 내 눈 아래로 눈부시게 하얗다 못해 푸른빛마저 감도는 세계가 끝없이 펼쳐지고 있었습니다. 더 이상 오를 데가 없는 산의 끝이자 지구상에서 가장 깨끗한 공기가 있는 곳, 그곳은 바로 남극의 최고봉인 해발 4,897미터의 빈슨매시프 산 정상이었습니다.

"오후 8시 15분, 드디어 정상을 밟았습니다!"

가슴이 무섭도록 고동쳤습니다. 차가운 얼음 바람이 불어왔지만 그 순간만큼은 추위를 느낄 수 없었지요.

10시간에 가까운 사투˚였습니다. 살을 에는 듯한 영하 40도의 매서운 추위도, 몸을 날려 버릴 듯한 거센 바람도 우리의 앞을 막지는 못했습니다.

우리는 두 팔을 하늘 높이 치켜들고 남극의 맑은 공기를 한껏 들이마셨습니다. 그리고 태극기를 펼쳤습니다. 언제나 그렇듯이, 정상에 올라 태극기를 펼치는 순간, 가슴이 뭉클해졌습니다. 해냈다는 기쁨 때문일까요, 그동안 겪은 숱한 고생 때문일까요. 대한민국 국민이라면 누구나 한 번은 경험 했을 법한, 태극기 앞에 서서 눈시울이 뜨거워지는 순간이었습니다.

사투 죽기를 각오하고 싸우거나 죽을힘을 다하여 싸움. 또는 그런 싸움.

'아, 도봉산 다람쥐가 남극 최고봉에 올랐구나!'

수많은 기억과 감정들이 물밀듯 밀려왔습니다.

순간 이번 도전을 함께한 고인경 원정 단장과 눈이 마주쳤습니다. 가슴 깊은 곳에서 고마움이 솟구쳤습니다. 그런 내 마음을 읽었는지 그분도 잔잔한 미소를 지었습니다. 고인경 단장 또한 산악인의 한 사람으로 16년 동안이나 내게 아낌

빈슨매시프 산 정상에서 태극기를 펼쳐 든 엄홍길
엄홍길은 세계 최초로 히말라야 8,000미터 16좌를 완등한 대한민국의 자랑스러운 탐험가다.

없는 후원을 보내 준 아버지 같고, 스승 같고, 때로는 형님 같고, 친구 같은 분이었습니다. 자신의 목표는 정상 정복이 아니라 정상에 오르는 사람을 돕는 것이라며, 단 한 번도 자신의 공을 내세우지 않으신 분. 또한 내가 히말라야 안나푸르나 봉에서 동료를 구하려다 추락하여 크게 다쳐 더는 산에 오르지 못한다는 말을 들었을 때, 나를 일으켜 세워 여기까지 오게 한 분. 그런 분과 함께 드디어 정상에 서게 된 것입니다.

가슴이 시리도록 새하얀 풍경이 내 안으로 파고들었습니다.

2007년 5월 31일, 나는 히말라야 로체샤르 봉 정상에 올랐습니다. 8,000미터 급 16좌(봉우리) 가운데 15좌에 오르고 마지막으로 남아 있던 봉우리였지요. 세계 최초로 히말라야 8,000미터 급 16좌 완등°이라고 여기저기에서 축하를 해 주었습니다. 물론 나 역시 영광스럽고 기뻤습니다. 그러나 다른 한편으로는 부끄러웠습니다. 그 일은 나 혼자의 힘으로 이룬 것이 아니었기 때문입니다.

> **완등** 모두 올라감을 뜻함. 여기서는 세계에서 인정하는 8,000미터 급 16개 산봉우리, 즉 16좌에 모두 오르는 것을 말함.

고 단장을 비롯하여 나를 도와주신 많은 분들, 내일을 기약할 수 없는 위험한 도전을 묵묵히 참아 준 나의 가족, 외로운 싸움을 같이 하며 울고 웃었던 산악 동료들, 그리고 나의 영원한 아픔이자 내가 줄기차게 도전할 수 있도록 힘을 주었던 저세상의 동료들…….

산에 오르는 것은 정복이나 명예에 대한 욕심 때문이 아니었습니다. 그저 산이 좋아 산에 오를 뿐이지요.

로체샤르 봉을 등정하고 돌아와 오랜만에 푹 쉬고 있을 무렵, 고 단장이 내게 넌지시 말했습니다.

"엄 대장! 히말라야 16좌 등정도 완성했으니 내친김에 7대륙 최고봉에 도전합시다. 우리 젊은이들을 위해서 말이오. 그들에게 자신이 정한 목표점을 달성할 수 있다는 자신감과 도전 정신을 심어 줍시다. 이번에는 우리 함께 이 해가 가기 전에 남극 최고봉에 올라 보는 것은 어떻겠소? 나도 이번에는 정상까지 가겠소."

나는 기꺼이 동의했습니다. 그것이 이렇게 열매를 맺은 것입니다.

내려가는 길은 한결 수월했습니다. 3시간 30분 뒤, 우리는 전진 캠프에 무사히 도착했고, 이윽고 집으로 돌아가는 비행기에 몸을 실었습니다.

기분 좋은 피로가 몰려오는 가운데, 조금 전까지만 해도 우리가 밟고 섰던 남극의 새하얀 모습이 눈앞에 펼쳐졌습니다.

불현듯 100년 전에 저 아래 남극 대륙에서 세기의 도전을 펼쳤던 아문센과 스콧이 떠올랐습니다. 어린 시절 나의 우상이었던 위대한 두 탐험가. 어느새 나는 100년 전, 그들의 치열하고 아름다운 삶 속으로 깊숙이 빠져 들고 있었습니다.

모험심을 키워 준 아문센의 고향

1872년 7월 16일, 노르웨이의 남부 보르게에서 노르웨이의 명예를 세계에 드높일 한 사내아이가 태어났습니다. 이름은 '로알 아문센'이지요. 아이는 어려서부터 눈만 뜨면 끝없이 펼쳐지는 바다를 바라보며 아직 알려지지 않은 세계에 대한 호기심을 키워 갔습니다.

"우아, 저 넓은 바다의 끝은 어디쯤일까? 어른이 되면 반드시 내 발로 가 봐야지."

아문센의 조상들은 오늘날의 오슬로 피오르드에 위치한 발레르 섬 출신으로, 주로 선박 제조업자나 선주로 일했던 강인한 사람들이었습니다. 그들은 생활력이 강하고 사업 수완도 뛰어나 그 지역에서는 전설적인 사람들이었지요.

로알 아문센의 아버지 옌스 아문센 역시 그런 사람이었습니다.

"난 직장을 구하지 않을 거야. 남의 밑에서 일하는 것보다 내가 운영하는 회사를 세워야 해!"

아버지는 이윽고 세 형제들과 함께 선박 회사를 차렸습니다. 그 일은 대성공이었습니다. 아버지는 놀라운 사업 실력을 발휘하여 서른 척의 배를 거느리게 되었지요.

> **선주** 배의 주인으로 어업, 해운업 등에 종사하는 사람.
> **수완** 일을 꾸미거나 처리해 나가는 재주나 솜씨를 이르는 말임.

사업에 빠진 옌스 아문센은 결혼할 나이를 훌쩍 넘긴 마흔세 살 때 공무원의 딸인 한나와 결혼했습니다. 한나는 남편보다 열여섯 살이나 어렸지만 야망은 남편 못지않았습니다.

"여보, 중국은 먼 곳이오. 안전하지도 않고……. 그냥 노르웨이에 남아 있는 게 어떻겠소?"

"아니에요. 저도 따라가겠어요. 큰돈을 벌 수 있는데 제가 왜 마다하겠어요?"

아문센 1911년 세계 최초로 남극점 도달에 성공했다.

아내와 함께 중국으로 간 옌스 아문센은 중국과 대만을 오가며 상당한 재산을 모았습니다. 그러다 넷째 아들인 로알을 임신했을 때 노르웨이로 돌아온 것입니다.

로알 아문센은 부잣집에서 고생을 모르고 자랐습니다. 또한 형제들과 산에서 스키를 즐기며, 세계를 다니면서 많은 일을 겪은 어른들 사이에서 모험심을 기르며 자랐지요. 아버지는 어린 자식들에게 항해와 바다 이야기를 들려주곤 했습니다. 아버지는 자식에 대한 사랑이 대단했지만 자식을 매우 엄하게 대했습니다. 아버지의 말은 거역할 수 없는 법 그 자체였습니다.

"내 말을 명심해라. 어떤 일을 시작하면 반드시 그 끝을 봐야 한다. 공부든 운동이든 중간에 그만두는 건 절대로 용서 못한다."

어린 로알은 아버지가 무섭기는 했지만 그래도 아버지가 자랑스러웠습니다.

'우리 아버지처럼 강인하고 멋진 분은 이 세상에 없을 거야.'

아버지는 로알의 우상˙이었고, 로알은 그런 아버지를 실망시키지 않기 위해 최선을 다했습니다.

아버지는 여름철과 크리스마스 때가 되면 가족을 데리고 비드스텐의 조선소˙로 갔습니다.

"자, 이곳이 아버지의 조선소야. 어때, 멋지지?"

아버지의 조선소는 아이들에게 흥미진진한 놀이터였습니다.

"난 배 만드는 것을 볼래요. 정말 신기해요!"

"하하, 그러려무나. 그래도 위험한 짓을 하면 안 된다."

아버지는 유난히 배에 관심이 많은 로알이 대견했습니다.

'이 녀석 기대해도 되겠어. 장차 내 일을 물려줘야겠군.'

흐뭇하게 웃는 아버지를 뒤로 한 채, 로알은 조선소 안팎을 신나게 휘젓고 다녔습니다.

> **우상** 신처럼 숭배의 대상이 되는 물건이나 사람.
> **조선소** 배를 설계하여 만들거나 고치는 일을 하는 곳을 말함.

자부심 강하고 소심한 스콧

로버트 팰컨 스콧은 1868년 6월 6일, 영국의 항구 도시인 데번포트 변두리에서 태어났습니다. 그의 어린 시절은 모험심을 키우는 데 있어 로알 아문센만큼 강렬한 경험은 없었습니다. 눈이 내리는 것을 보거나 스키를 타 본 적도 없었지요.

회계 돈이 나가고 들어옴을 따지고 셈하는 일이나, 그런 일을 하는 사람.
유지 마을이나 지역에서 존경을 받고 영향력을 가진 사람.

스콧이 태어난 지역에는 영국 국왕의 해군 조선소가 있었습니다. 스콧의 할아버지는 해군 회계 담당자였습니다. 그는 해군에 대한 자부심이 대단했고, 자신의 자손들도 그 전통을 이어 가기를 바랐습니다.

"난 해군 출신인 게 자랑스러워. 난 평생 규율을 어기지 않고 바르게 살았지."

그러나 아들인 존 에드워드는 군인과는 조금 거리가 먼 직업을 택했습니다. 데번포트에서 장미를 재배한 것이지요. 그는 경제적으로 부유한 편은 아니었지만, 그래도 그 지방의 유지로서 상당히 만족스러워하며 살았습니다.

그의 아내인 한나 스콧 부인은 남편보다 좋은 집안의 딸이었습니다. 열일곱 명이나 되는 대식구를 맡아 말없이 살림을 꾸려 나가는 현명하고 강인한 여성이었지요.

"자기가 맡은 일은 끝까지 해내야 한다."

스콧의 어머니는 한결같은 모습으로 자신의 자리를 지켰습니다.

'우리 어머니는 참 존경할 만한 분이야.'

스콧은 어머니에게 크게 의지했습니다. 그래서 늘 무슨 일이든지 어머니하고 상의하고, 어머니의 지시에 따랐지요.

어머니는 그런 아들을 대견스러워했습니다.

"우리 아들은 나무랄 데가 없어. 정말 반듯하게 잘 자라고 있어."

단 한 가지 걱정은 건강이었습니다. 스콧이 특별한 원인도 없이 구역질에 시달렸기 때문에 어른들은 늘 마음을 졸여야 했습니다.

"병원에서도 원인을 알 수 없다니 어쩌면 좋아요?"

"나이가 들면서 나아지지 않을까? 저절로 없어지기를 바랄 수밖에……."

몸이 약해서 학교 입학을 미루었지만, 부모님은 스콧이 여덟 살이 되자 플리머스에 있는 공립학교에 입학시켰습니다. 하지만 금세 같은 반 아이들의 놀림감이 되고 말았습니다.

공립학교 도·시·군 따위의 지방 자치 단체가 운영하는 학교.

"야, 비실비실 콩나물! 너 오늘 아침도 못 얻어먹었지?"

하지만 스콧은 한 번도 화를 내지 않았습니다. 보일 듯 말 듯한 미소를 지으며 아이들의 놀림을 참아 냈지요.

"스콧, 넌 기분 나쁘지도 않니?"

보다 못한 친구들이 나서며 말했지만 스콧은 아무 대꾸도 하지 않았습니다.

스콧의 이런 놀라운 인내심은 고달픈 삶 속에서도 감정을 억제할 줄 알았던 어머니로부터 물려받은 것일 테지요.

스콧 집안은 맏아들이 해군이 되어야 한다는 전통이 있었습니다. 하지만 스콧의 학교 성적은 썩 좋지 않았습니다.

'안 되겠다. 이런 성적으로는 해군에 가기 어렵겠어. 당장 기숙학교˚로 전학시켜야 해.'

아버지는 스콧을 기숙학교로 전학시켰습니다.

"나야 가족의 생계 때문에 장미 재배를 하고 있지만, 내 꿈은 아직도 살아 있다. 그 꿈을 아들을 통해서라도 이루고 싶구나. 너라도 해군의 함장˚이 되어야 한다."

아버지의 바람이 얼마나 간절한지 잘 알고 있는 스콧은 순순히 아버지의 요구를 받아들였지요.

1881년, 열세 살의 스콧은 다트머스에 있는 왕립 해군학교에 사관˚ 후보생으로 입학했습니다. 이곳에서도 그는 늘 단정한 옷차림으로 조용하고도 성실하게 생활했지요.

그 무렵 영국은 오랜 세월 '해가 지지 않는 나라'로서 전 세계에

기숙학교 학생 전원이 기숙사에 들어가 침식을 함께 하면서 교육을 받는 학교.
함장 군함의 우두머리.
사관 장교를 통틀어 이르는 말.

위용 위엄에 찬 모양이나 모습.
쇠락 힘이 쇠하고 약해 말라서 떨어짐.
긍지 자신의 능력을 믿음으로써 가지는 당당함.
우유부단함 우물쭈물 망설이기만 하고 얼른 결정하지 못함.

그 위용을 떨치던 시기를 벗어나 서서히 쇠락하고 있었지만 스콧은 영국의 해군으로서 긍지를 가지고 의무를 다했지요. 하지만 그 뒤에는 소심함과 우유부단함이 숨겨져 있었습니다.

여러 면에서 스콧과 아문센은 많이 달랐습니다. 스콧은 자신의 속마음을 감추기 위해 자신의 지위로 겉모습을 반듯하게 포장했지만, 아문센은 자신의 모습을 있는 그대로 드러내는 데 주저하지 않았지요. 결정적인 때를 빼고는…….

속마음을 감추는 법

로알 아문센의 아버지는 아들이 좋은 대학에 가기를 바랐습니다.
'아무래도 공립학교보다는 사립학교가 낫겠지?'
그래서 아들을 사립학교에 입학시켰습니다. 그러나 아문센은 얼마 지나지 않아 학교생활이 따분하게 느껴졌지요.
'이렇게 지루한 학교생활은 정말 싫어. 내가 좋아하는 일을 할 수 있다면 얼마나 신날까? 미지의 세계로 떠나는 탐험 같은…….'

사립학교 개인이나 민간 단체가 세워 운영하는 학교.
미지 아직 알지 못하는 것.

아문센에게는 부모님도 모르는 비밀이 있었습니다. 학교 수업보다도 더 중요한 일이 있었지요. 그것은 바로 알래스카와 그린란드 사이의 해상 항로인 북서 항로를 찾기 위해 길을 떠난 존 프랭클린의 '탐험 보고문'을 보는 것이었습니다.

'아, 탐험이란 얼마나 멋진가! 나도 프랭클린이 겪었던 그런 고난을 극복해 내고 싶다! 엄청난 자연의 힘을 극복해 보고 싶어!'

> **항로** 배가 일정하게 다니는 뱃길이라는 뜻과 항공기가 일정하게 다니는 길이라는 뜻이 있음. 해상 항로는 뱃길을 뜻함.

강렬한 도전 의식이 솟구쳐 오를 때면 아문센은 저도 모르게 행복감에 몸을 떨곤 했습니다. 어린 시절, 힘줄이 불끈불끈 솟은 팔뚝을 쉴 새 없이 놀리며 고래잡이를 하던 선원들을 볼 때마다, 또한 노르웨이의 영웅인 탐험가 난센의 이름이 사람들 입에 오르내릴 때마다 아문센은 가슴에서 고동치는 뜨거운 피를 느꼈습니다.

'바다만큼 내 심장을 뛰게 하는 것은 없어. 난 항해를 위해 태어난 거야.'

아문센은 북극에 관심이 많았습니다. 그래서 북극 탐험에 대비하여 운동을 열심히 했습니다. 탐험을 하려면 정신력도 중요하지만 무엇보다도 건강해야 한다고 여겼으니까요.

아문센은 짬만 나면 바닷가에 서서 하염없이 수평선을 바라보았습니다. 수평선 너머의 세계가 그에게 어서 오라고 손짓을 하는 것만 같았지요.

'극지방을 탐험하려면 스키도 익혀야 해. 눈과 얼음뿐인 곳에서는 스키가 큰 도움이 될 거야.'

아문센은 일부러 춥게 지냈습니다. 추위를 견디기 위한 훈련을 한다며 겨울에도 방의 창문을 열어 놓고 자기도 했지요.

아문센이 탐험에 대한 꿈을 키워 가던 1886년, 증기선˚을 타고 여행 중이던 아버지가 갑자기 세상을 떠났습니다.

"형, 아버지가 정말 돌아가셨어? 정말이야?"

형이 아문센을 꼭 안아 주었습니다. 형은 누구보다도 슬퍼하는 아문센의 마음을 잘 알았지요.

장례식 후 어머니는 네 아이들에게 말했습니다.

"크리스티아니아(지금의 오슬로)로 이사해야겠다. 그곳에 가면 더 좋은 학교에서 공부할 수 있을 게다."

증기선 열을 가해 발생한 증기의 압력으로 힘을 얻는 증기 기관으로 움직이는 배.

극지방 맨 끝에 있는 땅인 남극과 북극을 이르는 말. '극지'라고도 함.

어머니는 돈이 될 만한 것을 모두 팔아 이사를 했습니다.

남편이 세상을 떠난 뒤로 아문센의 어머니는 아이들의 머릿속에서 항해에 대한 생각을 몰아내려고 애썼습니다.

하지만 아문센은 고집을 꺾지 않았지요.

"저는 꼭 극지방˚에 가 보고 싶어요. 저는 꼭 탐험가가 될 거예요."

"허튼소리 하지 마라. 탐험가들이란 다 헛된 꿈을 좇는 사람들이야."

어머니는 매몰차게 잘라 말했습니다.

아문센은 그런 어머니가 원망스러웠습니다.

"예전에는 안 그러셨잖아요?"

"그게 무슨 소리냐?"

"어머니도 아버지가 항해하시는 걸 좋아하셨잖아요?"

"그건 네 아버지가 살아 계실 때 얘기지. 네 아버지가 좋아하셨으니까 반대하지 못한 것뿐이야."

결국 아문센은 왕립 노르웨이 프레드릭스 대학에서 의학을 공부하게 되었습니다.

"잘 생각했다, 로알. 탐험 따윈 아예 머릿속에서 지워 버리렴."

아문센은 평범한 대학 생활을 해 나갔습니다. 아마도 이 시기에 아문센은 자기의 속마음을 감추는 법을 터득했을 것입니다. 그리하여 어머니에게 무조건 순종하는 모습을 보이는 한편, 그 순종을 방패 삼아 마음속 깊이 자신의 뜻을 숨겨 둔 채 실현해 가는 법을 익혀 나간 것이지요. 아문센에게 의학 공부는 자신의 미래를 위한 하나의 방패인 셈이었습니다.

그런데 대학 3학년 무렵 어머니가 돌아가셨습니다. 아문센은 의학 공부를 그만두었어요. 어머니가 마음에 걸리긴 했지만 아문센의 꿈은 그보다 훨씬 강했으니까요.

'이제 내 진로를 내 마음대로 결정해도 되지 않을까? 어머니가 살아 계실 때는 차마 거역할 수 없었지만 지금은 달라. 어머니도 이해해 주실 거야.'

아문센은 형 레온과 함께 노르웨이 서부 하르당에르비다 고원으로 일주일간 스키 여행을 떠났습니다. 살아남기 훈련을 위해서였지요.

"우리가 잘 해낼 수 있을까? 보통 때는 영하 24도이지만 밤에는 영하 40도까지 내려간단 말이야."

"그러니까 살아남기 훈련이지. 형, 그 정도 악조건을 이겨 내지 못한다면 어떻게 꿈을 이루겠어?"

그런데 스키 여행은 예상 밖으로 힘들었습니다. 내린 눈이 모두 얼음으로 변한 데다, 바람이 불자 기온이 갑자기 곤두박질친 것이지요.

"더 이상 못 참겠다. 다리에 감각이 없어."

형이 눈밭에 털썩 주저앉았습니다.

"쉴 곳을 찾아야겠어, 형."

"난 꼼짝도 못하겠어."

"그럼 여기 잠깐 앉아 있어. 내가 쉴 만한 곳을 찾아보고 올게."

"미안해. 금방 어두워질 텐데……."

형은 언덕 위에서 기다리고, 아문센 혼자서 몸을 쉴 만한 곳을 찾아 나섰습니다. 조금씩 날리던 눈발이 굵어지기 시작했습니다.

"으아악……!"

아문센은 그만 나뭇가지가 살짝 덮인 깊은 구덩이에 빠지고 말았습니다. 구덩이 위에 나뭇가지와 마른 잎들이 쓸려 와 얼기설기 뭉쳐 있어서 미처 보지 못했던 것이지요. 사방에 얼음 고드름이 달린 구덩이였습니다. 누군가 위에서 도와주지 않고서는 올라갈 방법이 없었지요. 그런데 굵은 눈발이 구덩이 위에 빠르게 쌓이기 시작하면서 구덩이 입구가 다시 가려지기 시작했습니다.

'어, 이거 큰일 났네!'

입구가 얼어 버리면 막히게 되고, 구덩이 안으로 공기가 통하지 않으면 질식해서 죽을 수도 있었습니다.

"형!"

아문센은 체온이 떨어지는 것을 막기 위해 계속 제자리에서 뜀뛰기를 하며 소리를 질렀습니다. 그러나 형은 너무나 멀리 있었습니다. 아문센은 구덩이 벽을 발로 차기 시작했습니다.

쿵!

생각보다 울림이 큰 묵직한 소리가 났습니다. 아문센은 계속 벽을 발로 찼습니다. 시간이 흐르자 온몸이 얼어붙은 듯 감각이 둔해졌지요.

'그래도 계속해야 해. 형이 꼭 구해 줄 거야.'

아문센은 숨을 쉬려고 애쓰며 벽 차는 것을 멈추지 않았습니다.

쿵! 쿵! 쿵쿵……!

그러는 사이 구덩이 안이 캄캄해졌습니다. 공기가 부족한지 숨쉬기도 어려워졌지요.

"형……!"

아문센의 목소리와 발길질 소리만이 머리 위로 우렁우렁 퍼져 나갔습니다.

'헉헉, 내가 조금만 조심했어도 이런 일은 없었을 텐데…….'

그때 희미한 소리가 머리 위에서 들렸습니다.

"로알! 로알!"

형이었습니다. 꽤 시간이 지나도 아문센이 돌아오지 않자, 형이 찾아나선 길이었지요. 규칙적인 소리가 나는 곳을 찾아 스키로 달려온 것입니다.

"내가 얼음을 깰 테니까 가장자리에 붙어 서 있어!"

형은 날카로운 돌을 찾아 힘껏 얼음을 내리쳤습니다. 얼음이 깨지며 공기가 밀려 들어왔습니다.

"살았다!"

아문센은 형이 내려 보낸 밧줄을 몸에 감고 가까스로 구덩이에서 빠져나왔습니다.

'자연을 이겨 냈구나! 그래, 난 반드시 극지 탐험가가 되고 말 테야!'

아문센은 가쁜 숨을 몰아쉬며 극지 탐험가가 되겠다는 결심을 더욱 굳혔습니다.

생각쟁이 열린마당

세계의 지붕,
히말라야 산맥을 향한 도전

파키스탄과 인도 북부 · 네팔 · 시킴 · 부탄 · 티베트 남부를 뻗어 내리는 히말라야 산맥은 '세계의 지붕'이라고 불린다. 지구 위의 내로라하는 높이 8,000미터 급 봉우리들이 모두 모여 있기 때문이다. 고대 인도의 산스크리트 어로 히마(Hima)는 '눈', 알라야(Alayas)는 '곳'이란 뜻으로 히말라야는 곧 '눈의 거처'라는 뜻이 된다. 히말라야 산맥에서 8,000미터가 넘는 봉우리가 14개가 있으며 이를 '14좌'라고 부른다.

· **에베레스트** 네팔과 티베트 자치구 사이의 국경에 있는 세계 제1의 봉우리. 8,848미터. 1953년에 영국의 에베레스트 등산대에 참가한 뉴질랜드의 힐러리 경과 셰르파(히말라야 산속에 살고 있는 사람들인데 히말라야 등산대의 짐을 나르고 길을 안내하는 사람들로 유명함) 텐징 노르가이가 처음으로 등정했다. 에베레스트란 이름은 영국 수리 지리학자인 에버리스트(1790~1866) 경의 공적을 기리는 뜻에서 붙인 이

름이다. 산스크리트 어로는 사가르마타(하늘의 이마), 티베트 어로는 초모랑마(세계의 어머니 신)라고 불린다.

- **K2** 편마암으로 이루어진 피라미드 모양의 세계 제2의 산. 8,611미터. K2는 인도 측량국에서 카라코람 2호라는 뜻에서 붙인 것으로 현지에서는 '답상' 또는 '쵸고리'라 불린다.
- **칸첸중가** 티베트 어로 '위대한 눈의 다섯 보고' 또는 '광대한 빙하의 다섯 보고'란 뜻이다. 8,586미터.
- **로체** 에베레스트의 남쪽 봉우리로 '로'는 남쪽을, '체'는 봉우리란 뜻이다. 8,561미터.
- **마칼루** 힌두교 시바 신의 화신인 '마하카라'에서 비롯된 이름으로 '검은 신'이라는 뜻이다. 8,463미터.
- **초오유** '터키옥의 여신'이란 뜻. 8,201미터.
- **다울라기리** 산스크리트 어로 '하얀 산'이란 뜻. 8,167미터.
- **마나슬루** 산스크리트 어로 '영혼의 산'이란 뜻. 8,163미터.
- **낭가파르바트** '산 중의 왕'이라 일컬어지는 이 산의 본뜻은 '벌거벗은 산'이다. 8,125미터.
- **안나푸르나** '풍요의 여신'이라는 뜻. 8,091미터.

- **가셔부룸 I** '빛나는 산'이라는 뜻. 8,068미터.
- **브로드피크** 영국 탐험대에 의해 브로드(넓은) 피크(봉우리)란 이름이 지어졌다. 8,047미터.
- **가셔부룸 II** 히말라야 8,000미터 급 산 중에서 가장 오르기 쉽다고 한다. 8,035미터.
- **시샤팡마** 14좌 가운데 유일하게 중국 국경 안에 자리하고 있다. 티베트 어로 '황량한 땅'이란 뜻이다. 8,027미터

이 14개 산 외에도 8,505미터의 얄룽카, 8,400미터의 로체샤르는 8,000미터가 넘지만 얄랑카는 칸첸중가와 산줄기가 같고 로체사르는 로체와 산줄기가 같아 14좌에서 제외되었다. 하지만 이 둘을 더해 16좌라고 부르기도 한다.

거듭된 탐험으로 유명해진 스콧

스콧과 마컴 경*의 만남

군인 정신으로 단단히 무장된 스물다섯 살의 영국 해군 스콧은 소위* 후보생이 되었습니다. 해군학교의 교육 지침은 규율·질서·청결이었습니다. 그는 군대에서 요구하는 책임감과 통제력을 잘 갖추고 있었지요.

스콧은 바다에서 4년을 보낸 뒤 소위로 진급했고, 그리니치에 있는 왕립 해양학교에서 1년을 보낸 다음 중위로 승진했습니다.

'음, 스콧 중위라…….'

스콧은 뿌듯했습니다.

'이제 어느 정도 지위도 높아지고, 나 또한 더욱 강해졌어.'

허약 체질이었던 스콧은 오랫동안 배 위에서 생활한 까닭에 뱃멀미를 하지 않는 건강한 체질로 바뀌었고, 얼굴에는 온화한 미소가 흘렀으며, 다부진 체격은 한눈에도 강인해 보였습니다. 그는 남아메리카와 캐나다, 서인도 제도 등을 두루 항해하면서 다음 진급을 기다렸습니다.

경 영국에서 사회적 특권을 가진 귀족의 지위를 얻은 사람을 높여 부르는 말.
소위 육해공군 장교의 세 계급 중 맨 아래 계급.

그 무렵 스콧은 우연히 영국 왕립 지리학회의 마컴 경을 만났습니다. 마컴은 보트 경주에서 승리한 스콧을 보자마자 믿음을 갖게 되었지요.

"힘과 도전! 젊은이의 상징 아니겠소? 난 도전하는 젊은이가 좋다오. 난 조국을 위해 위대한 일을 구상하고 있소."

마컴은 젊은 해군과 더불어 자신의 조국 영국을 위해 지구의 마지막 미지의 땅인 남극 대륙을 탐험하려는 계획을 세우고 있었습니다.

"나는 오직 우리 영국 해군만이 위대한 남극 대륙을 탐험할 수 있다고

스콧 영군 해군 장교 시절 스콧의 모습이다.

믿고 있소."

마컴은 탐험에 대한 책을 여러 권 펴내기도 했습니다.

'흠, 스콧 정도면 인간의 한계를 초월한 남극의 지독한 추위도 견뎌 낼 수 있을 거야.'

마컴은 그날 스콧을 자신의 선실로 초대했습니다. 그리고 쉴 새 없이 질문을 퍼부었습니다. 야심과 명예욕, 끈기와 인내심, 그리고 애국심 등등을 스콧에게서 확인했지요. 결론은 합격이었습니다.

'됐어! 충분해. 필수적인 훈련도 받았고, 끈기와 강인함도 갖췄어. 스콧이라면 얼음을 가로질러 전진할 수 있을 거야. 조국이 남극을 향해 탐험대를 보내는 날, 아마도 사람들은 마컴이라는 내 이름도 기억하게 되겠지.'

마컴은 생각만 해도 가슴이 뛰었습니다.

얼마 뒤에 마컴은 왕립 지리학회 회장에 선출되었습니다. 마컴과 스콧은 만날 때마다 남극과 영국 해군의 남극점 정복에 관한 이야기로 시간 가는 줄 몰랐지요.

벨지카호를 타고 남극으로

1895년 7월, 런던에서 제6차 국제 지리학회가 열렸습니다. 그때 아문센은 배를 타고 물개를 잡으러 다녔고, 스콧은 바다에서 영국 해군의 신무기인 어뢰˙ 보트를 지휘하고 있었습니다.

어뢰 물속에서 폭발하여 적의 배를 파괴하는 물고기 모양으로 생긴 무기.
곶 바다 쪽으로 좁고 길게 뻗어 있는 육지의 한 부분.
항해사 선장을 도와서 선박 운항의 일반 업무를 담당하는 사람.

"세계는 이미 남쪽으로 눈길을 돌리고 있습니다. 우리도 남극으로 보낼 탐험대를 조직하기 위해 힘을 모읍시다. 조국의 국기를 제일 먼저 남극점에 꽂아야 하지 않겠습니까!"

드디어 국제 지리학회에서 미래에 이어질 극지방 항해의 항로가 남쪽으로 정해졌습니다.

마컴은 남극점에 최초로 영국 국기를 꽂고자 하는 자신의 목표가 거의 손에 닿을 만큼 가까이 다가왔다고 생각했지요.

이 무렵 벨기에의 드 게를라슈도 조국의 국기를 미지의 대륙에 꽂겠다는 구상으로 자금을 마련하는 데 성공했습니다.

"내 계획은, 인간으로서는 최초로 남극 대륙에 발을 들여놓았던, 아데어 곶˙에서 대원들과 함께 겨울을 나는 것이오."

드 게를라슈의 계획을 알게 된 아문센은 탐험에 자원했고, 극지에서의 경험과 항해사 자격 덕분에 무난히 허락을 받았습니다.

"스키를 잘 타서 마음에 드는군."

드 게를라슈는 아문센을 1등 항해사˙로 임명했습니다. 배에서 두

번째로 지위가 높은 선원이었지요.

  1897년 8월, 벨지카호는 요란한 환송을 받으며 벨기에의 안트베르펜 항을 출발했습니다.

  다음 해 1월, 벨지카호는 사우스셰틀랜드 군도˚ 북서쪽에서 처음으로 빙산˚을 발견했습니다. 그런데 갑자기 강한 폭풍이 불어 닥쳤습니다.

  "으악!"

  눈 깜짝할 사이에 폭풍이 배를 덮치면서 갑판 위에 있던 대원 한 명을 쓸어가 버렸습니다.

  대원들은 두려움에 떨고 있었지요.

  "위험하다! 배의 방향을 돌려라!"

  벨지카호는 급히 뱃길을 바꿔 그레이엄랜드 서쪽 기슭으로 다가갔습니다. 얼음과 눈이 엉겨붙은 날카로운 빙산들이 가득 찬 해협에서 벨지카호는 3주일 동안 머물렀습니다. 2월이 되자 바닷물의 온도는 영하 1.8도 이하로 내려갔고, 얼기 시작한 바다 위에는 육각형의 얼음 결정체가 만들어져 길쭉하게 자라났습니다.

  '세계 최초로 남극에서 겨울을 나겠군.'

  그러나 드 게를라슈의 기대와는 달리 벨지카호는 우지끈 부서져 내리는 빙산 속으로 정신없이 빠져 들어갔습니다.

> **군도** 무리를 이루고 있는 크고 작은 섬들.
> **빙산** 빙하에서 떨어져 나와 호수나 바다에 흘러 다니는 얼음 덩어리.

"움직일 수 없습니다! 얼음 속에 단단히 처박혔어요!"

"어떻게 좀 해 보라고!"

"꼼짝도 할 수 없습니다!"

벨지카호는 겨우내 얼음 속에 갇혀 있어야 했습니다. 답답하기 짝이 없는 상황이었지만 아문센은 선원들을 격려했습니다.

"얼음에서 풀려 날 때까지 기다릴 수밖에……. 조금만 기다리면 됩니다. 힘을 냅시다."

몇 달 동안이나 태양이 떠오르지 않는 어둠의 세계는 사람들에게 공포를 심어 주기에 충분했습니다. 몰아치는 바람과 살을 에는 듯한 추위 속에서 대원 두 사람이 정신을 잃었고, 시간이 지날수록 병으로 쓰러지는 사람들이 늘어났지요.

"비타민 C 부족 때문입니다. 괴혈병은 치명적이지요."

"그럼 어떡하면 좋겠소?"

"신선한 물개 고기와 펭귄을 먹어야 합니다."

건강을 책임지는 쿡 박사의 말에 대부분의 선원들이 고개를 저었습니다.

"난 못 해. 날고기를 어떻게 먹어요?"

그러나 아문센은 말없이 날고기를 먹었습니다. 그에게는 분명한

괴혈병 비타민 C의 결핍으로 생기는 병. 기운이 없고 잇몸, 점막과 피부에서 피가 나며 빈혈을 일으키고, 심하면 심장 쇠약을 일으키기도 함.

목표가 있었으니까요.

　이윽고 영원히 떠오르지 않을 것 같던 태양이 수평선 위로 떠올랐습니다. 고통스럽고도 지루했던 긴긴 남극의 밤이 끝난 것이지요. 아문센처럼 날고기를 약 삼아 먹는 대원들도 점점 늘었습니다.

　해가 바뀐 1월, 대원들은 얼음을 톱으로 잘라 뱃길을 만들기 시작했습니다. 다행스럽게도 배에서 1.6킬로미터 정도 떨어진 곳에서 얼지 않은 물줄기를 찾아냈지요.

　2월 중순에 벨지카호는 서서히 움직이기 시작했습니다. 그리고 3월 14일, 마침내 자유를 되찾았지요. 14일 뒤 벨지카호는 남아메리카 마젤란 해협˚에 있는 칠레의 푼타아레나스 항에 닻을 내렸습니다.

해협　육지 사이에 끼어 있는 좁고 긴 바다. 양쪽이 넓은 바다로 통함.

　아문센은 서둘러 배에서 내렸습니다.

　'남극에서 많은 경험을 쌓았고 내 능력을 시험해 봤으니 더 이상 이 배에 머무를 이유가 없어. 내 모든 미래는 북극에 맞춰져 있어. 북극을 정복하고 난센보다 더 위대한 인물이 되어야 해.'

　아문센은 혼자 크리스티아니아로 돌아왔습니다.

　여기저기서 탐험대가 남극 탐험을 준비하고 있다는 말을 들어도 아문센은 태연했습니다. 그는 오로지 북극에서 성공을 거두고 싶었으니까요.

남극 탐험 대장을 자원하다

어느 날 마컴은 자신의 꿈을 이루어 줄 한 줄기 행운의 빛을 보았습니다. 한 사업가가 나타난 것입니다.

"외국인이 끼지 않은 순수한 영국인 탐험대라면 자금을 지원하겠습니다."

"아, 그거야 뭐 어렵겠소?"

지원금이 잇달아 들어왔습니다. 무엇보다도 큰 행운은 빅토리아 여왕이 탐험대를 적극적으로 지지하고 나선 것입니다.

그때까지 스콧은 승진을 하지 못하고 중위로 머물러 있었지요.

'난 언제쯤 승진할 수 있단 말인가. 만약 남극 탐험대에서 중요한 역할을 한다면 승진에도 큰 도움이 될 거야.'

남극 탐험이 발표된 직후, 스콧은 마컴을 찾아갔습니다.

"제게 탐험 대장을 맡겨 주십시오."

"……."

"잘 해낼 자신 있습니다, 마컴 경!"

"마침 점찍어 둔 사람이 거절을 해서 난감하던 참인데 잘되었소."

몇 달 뒤에 스콧은 해군 중령으로 승진했고, 더불어 공식적으로 영국 남극 탐험대 대장에 임명되었습니다.

"개를 이용하여 썰매를 끌게 하는 게 좋을 듯합니다."

이 말을 들은 마컴은 펄쩍 뛰며 손을 내저었습니다.

"아니오! 영국 해군이라면 개도 스키도 필요 없소. 알겠소?"

마컴은 생각이 틀에 박힌 사람이었습니다. 스콧은 그런 그의 옆에서 미소나 지을 수밖에 없었지요.

1901년 8월, 대서양을 출발한 스콧의 배는 순조롭게 항해를 했습니다. 다음 해 1월 18일, 스콧은 디스커버리호 위에서 난생 처음 남극을 보았습니다. 아데어 곶에서 잠시 닻을 내린 후, 스콧은 빅토리아 랜드의 해안 아래쪽에서 동쪽으로 쭉 뻗어 있는 빙벽을 낀 채 계속 남하하여 맥머도 만까지 배를 몰고 갔지요.

훼일스 만에 도착한 스콧은 거기서 동쪽을 향해 계속 항해했습니다. 1월 30일, 그는 로스 빙상의 동쪽 끝 지점에서 그때까지 알려진 적이 없는 육지를 발견하고, 영국 국왕의 이름을 따서 '킹에드워드 7세 랜드'라고 이름 붙였습니다.

만 바다가 육지 속으로 파고들어 와 있는 부분을 이르는 말입.

베이스캠프 등산이나 탐험을 할 때 근거지로 삼는 고정 천막.

그런데 스콧은 배를 이곳에 정박시키고 싶지 않았습니다.

'우뚝 솟아오른 빙산에서 깨진 얼음 조각들이 너무 위협적이야!'

그런데 참으로 흥미롭게도 9년 후에 아문센은 스콧이 위험하다고 판단한 이곳에 베이스캠프를 설치합니다.

스콧은 거대한 빙산의 서쪽 끝에 자리한 맥머도 만으로 되돌아갔습니다. 맥머도 만과 로스 해가 만나는 지점인 에러버스 산 아래쪽에서 스콧은 얼지 않은 지점을 발견했지요.

"멈춰라! 여기가 최초 목적지다!"

스콧의 명령에 따라 배가 멈추어 섰습니다.

"제군들! 우리 영국 해군은 규율을 준수하고 명령에 복종하는 것을 최고의 규범으로 삼고 있다."

스콧은 갑판의 규율부터 잡았습니다. 사실, 배를 오스트레일리아로 돌려보내고 소규모 상륙 부대만 구성해 작은 오두막 세 곳에서 겨울을 나겠다는 계획은 마컴의 생각이었습니다. 하지만 스콧은 그 생각을 완전히 무시했습니다.

바닷물이 얼어붙기 시작하자 디스커버리호는 에러버스 산 밑에 얼어붙어 버렸습니다. 그래서 돛의 활대˚와 노와 스크루˚는 해체하고 갑판˚ 전체는 천막으로 덮었지요.

극지방의 밤이 깊어 갔습니다. 벨지카호를 덮쳤던 끝없는 어둠과 추위가 디스커버리호 대원들을 덮쳤지요.

"우리가 여기서 빠져나갈 수 있을까?"

"글쎄, 얼음에서 빠져나가지 못하면 어떡하지?"

스콧은 대원들의 마음을 알아챘지만 규율을 엄격히 따르게 하는 것

> **활대** 돛 위에 가로 댄 나무.
> **스크루** 회전축 끝에 나선면을 이룬 금속 날개가 달려 있어서 회전을 하면 무엇을 밀어내는 힘이 생기는 장치.
> **갑판** 군함과 같은 큰 배 위에 나무나 철판으로 깔아 놓은 넓고 평평한 바닥.

이 좋다고 생각하여 대원들을 잠시도 편히 내버려 두지 않았습니다.

영국 상선대° 장교인 섀클턴도 남극이 처음이었습니다. 섀클턴은 디스커버리호에 탄 모든 사람으로부터 사랑을 받았지만 이상하게도 스콧은 그를 좋아하지 않았습니다. 스콧은 하급 장교인 에번스를 깊이 신임했지요. 에번스는 체력이 좋고, 그 어떤 뜻하지 않는 상황을 만나도 처리하는 능력이 뛰어났습니다.

상선대 여러 척의 상선으로 묶여진 대열. 상선은 돈을 받고 사람이나 짐을 실어 나르는 큰 배를 이름. 여객선, 화물선 따위가 있음.

1902년 8월 22일, 스콧은 초반 탐사 작업을 위해 몇 개의 상륙 탐험 팀을 육지로 보냈습니다. 식료품 저장 기지를 설치하고 금방 찾을 수 있도록 깃발로 표시해 두었지요.

날씨가 맑은 날을 택해서 스콧과 윌슨, 그리고 섀클턴은 미지의 땅을 향해 첫 번째 탐사를 시작했습니다.

"선발대는 개들과 함께 출발한다. 개들은 다섯 대의 썰매에 묶도록 한다."

그러나 세 사람은 썰매를 끄느라 고생을 해야만 했습니다. 썰매를 모는 방법을 몰랐기 때문이지요. 더구나 개도 부릴 줄 몰랐습니다.

"이쪽으로! 달리라니까, 달려!"

개들을 앞으로 나아가게 하기 위해서는 무리를 이끌 개의 우두머리가 있어야 한다는 사실도 몰랐습니다. 온통 눈앞을 덮은 하얀 눈 때문에 윌슨은 일시적으로 시력을 잃었고 섀클턴도 괴혈병에 걸렸습니다. 에스키모개들마저 병이 들었고 그중 몇 마리가 죽었고 죽은 개들은 살아 있는 개들의 먹이가 되었습니다.

극심한 어려움을 헤쳐 나가던 1902년 11월 25일, 스콧과 두 사람은 남위 82도 17분에 이르렀습니다. 남극점에서 620킬로미터 떨어진 지점이었지요.

"지금껏 이렇게 멀리까지 나아간 사람은 단 한 명도 없어. 안 그런가?"

"네, 맞습니다."

일행이 돌아오는 길은 그야말로 죽음의 행군이었습니다. 썰매를 끌고 갈 만한 개들이 없어 그들은 직접

개들과 함께 걷는 탐험대
스콧의 탐험 대원들은 썰매를 끄는 개들을 잘 부리지 못해 썰매를 직접 끌어야 했다.

썰매를 끌어야 했습니다. 섀클턴은 완전히 탈진했지만 썰매에 올라타기를 거부했습니다. 윌슨과 스콧은 괴혈병 때문에 온몸이 부어올랐지요. 세 사람은 엄청난 고통 속에서 힘겹게 나아갔습니다.

해를 넘긴 1903년 2월 3일, 3개월 만에 세 사람은 무사히 맥머도 만에 위치한 베이스캠프에 도착했습니다. 디스커버리호는 출발할 때처럼 여전히 꽁꽁 얼어붙은 채 묶여 있었지요. 섀클턴은 생명을 잃을지도 모를 만큼 위독했습니다.

"전 여기에 머무르고 싶습니다."

"건강이 우선이오. 몸을 돌보는 것이 더 중요하지."

스콧은 가지 않으려는 섀클턴을 모닝호에 태워 영국으로 돌려보냈습니다.

모닝호는 공식적으로 마컴이 스콧에게 영국으로 돌아오라는 명령을 전달하기 위해 보낸 배였지만, 비공식적인 편지에서 마컴은 스콧에게 남극에 계속 남아 있기를 요구했습니다. 마컴의 요구는 하얀 눈의 매력에 빠진 젊은 스콧의 마음과 딱 들어맞았습니다.

디스커버리호는 두 번째 겨울나기를 준비했습니다.

이듬해 초에 스콧은 대원 몇 명과 함께 두 번째 탐사를 떠났습니다. 이때 빅토리아 랜드 서쪽 지대를 960킬로미터까지 돌진해 페라르 빙하판에 올라갔지요. 얼마 뒤 스콧은 두 명만 남겨 두고 다른 대원들은 모두 돌려보냈습니다. 그는 에번스와 난방 기사인 레슐리와 함께 계속 행군하여 서경 146도 33분까지 갔다가 돌아왔습니다.

1904년에도 맥머도 만의 상태는 예전과 다름없이 절망적이었습니다. 이번에는 모닝호와 테라노바호, 두 대의 배가 탐험 대원들을 구조하기 위해 고립된 디스커버리호에 접근했지요. 스콧은 대원들에게 얼음을 깨부수게 하여 가까스로 얼음이 얼지 않은 바다로 배를 옮겼습니다.

9월 10일, 드디어 디스커버리호는 영국의 포츠머스 항에 닻을 내렸습니다. 스콧은 해군 전함 사령관으로 승진했고, 극지방 탐험가로서 큰 명예를 얻었습니다.

'아문센은 공개적으로 북극점을 정복하겠다고 한다. 나는 반드시 남극점을 정복하고 말 테다.'

이후 스콧은 디스커버리호에서의 체험을 《디스커버리호의 항해》라는 책으로 펴내 큰 성공을 거두고 유명인이 되었습니다.

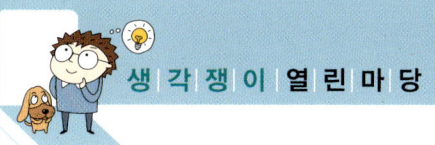

미지의 세계를 찾아 모험을 한 사람들

지금은 지구 곳곳에 인간의 발길이 닿지 않은 곳이 거의 없지만, 인간은 오랜 옛날부터 미지의 세계에 대한 호기심으로 끊임없이 도전해 왔다. 고난과 위험을 무릅쓰고 모험에 가득 찬 탐험 여행을 한 대표적인 사람들을 살펴보자.

마르코 폴로(1254~1324) 이탈리아의 상인이자 여행가. 중국을 왕래하고 몽골에 가서 쿠빌라이 칸의 우대를 받으며 정치에 참여했다. 그 뒤 귀국하여 《동방견문록》을 써서 유럽에 아시아를 알렸다. 동양과 서양의 비단길을 여는 데 기여했다.

이븐바투타(1304~1368) 아라비아의 여행가. 아프리카, 아라비아, 인도를 거쳐 중국에까지 여행을 한 뒤 여행기를 남겼다.

디아스(1450?~1500) 포르투갈의 항해가로 1488년 아프리카 남쪽 끝 희망봉을 통과하여 '폭풍의 곶'이라고 했으나 후에 희망봉으로 이름을 바꾸었다. 그 뒤 희망봉 앞바다에서 해난 사고로 사망했다.

콜럼버스(1451~1506) 이탈리아의 항해가. 에스파냐의 여왕 이사벨라 1세의 도움을 받아 1492년에 대서양에서 서쪽으로 항해하여 인도에 도달하기 위해 네 번에 걸친 항해 끝에 쿠바, 자메이카, 남아메리카, 중앙아메리카의 일부를 발견했다.

베스푸치(1454~1512) 이탈리아의 탐험가. 에스파냐·포르투갈의 신대륙 탐험대에 참가하여 중앙아메리카, 브라질 해안을 탐험하여 이름을 날렸다. '아메리카'는 그의 이름 '아메리고 베스푸치'에서 비롯되었다.

가마(1460~1524) 포르투갈의 항해가. 1488년에 디아스가 희망봉을 발견하자 1497년에 리스본을 떠나 아프리카의 희망봉을 돌아 인도의 캘리컷에 도착하여 이른바 인도 항로를 개척했다.

마젤란(1480~1521) 포르투갈의 탐험가. 1519년에 에스파냐 왕의 명령을 받고 출항하여 남아메리카를 돌아 태평양을 거쳐 필리핀에 이르렀으나 원주민에게 살해되었다. 세계 일주를 한 세계 최초의 탐험가이다. 남아메리카 대륙과 푸에고 제도 사이의 해협을 발견하여 '마젤란 해협'이라는 이름을 붙였다.

베링(1681~1741) 덴마크 출신의 러시아 탐험가. 1728년, 아시아와 북아메리카 사이에 해협이 있음을 확인하여 '베링 해협'이라는 이름을 붙였다.

쿡(1728~1779) 영국의 탐험가. 하와이 제도, 소시에테 제도 등을 발견했다. 특히 1778년에 발견한 쿡 제도는 발견자인 쿡의 이름에서 따온 것이다. 역사상 처음으로 남극권에 들어가 남극에 대한 관심을 불러일으켜 남극 탐험에 큰 영향을 미쳤다.

리빙스턴(1813~1873) 영국의 선교사이자 탐험가. 유럽인으로서는 처음으로 아프리카를 횡단하며 칼라하리 사막, 빅토리아 폭포 등을 발견했다.

피어리(1856~1920) 미국의 탐험가. 1909년에 세계 최초로 북극점에 도달했다.

난센(1861~1930) 노르웨이의 탐험가. 1888년에 세계 최초로 그린란드를 횡단하고, 그 뒤 극지를 탐험했다. 에스키모의 생활을 연구하여 책을 펴냈으며, 동물학 교수도 지냈다. 제1차 세계 대전 후에는 전쟁 포로의 교환과 난민 구호 활동에 힘써 1922년 노벨 평화상을 받았다.

버드(1888~1957) 미국의 극지 탐험가. 1926년에 비행기로 북극 상공을 비행했으며 1928년에는 남극점을 비행했다. 여러 차례 남극 탐험 비행을 하며 남극의 지리·기상 등의 자료를 수집하여 남극 탐험에 크게 이바지했다.

남극을 향한 항해를 시작하다

프람호의 비밀

아문센은 드디어 선장 자격증을 땄습니다.

'이제 전 세계 어디든지 배를 끌고 갈 수 있다. 그렇다면, 이제는 난센을 설득해야 한다.'

어떤 사람이든지 극지방 탐험을 계획하고 있다면 난센의 도움이 필요했습니다. 난센은 노르웨이 인으로, 그의 그린란드 항해와 북극 탐험을 위한 프람호의 표류* 항해는 세계적으로 유명했습니다.

아문센은 대학 교수인 난센을 찾아갔습니다.

"제가 벨지카호를 타고 남극에 갔을 때……."

아문센이 남극 체험 이야기를 시작하자 난센은 눈을 반짝이며 다가앉았습니다.

"오, 대단한 젊은이야!"

난센은 아문센의 계획에 엄청난 관심을 보였습니다.

"내 힘이 닿는 한 도와주겠소."

아문센은 난센의 도움을 얻게 되자 힘이 솟구쳤습니다. 그는 상속받은 유산으로 항해에 사용할 이외아호를 사서 수리했습니다.

난센은 아문센을 위해 국왕에게 도움을 요청했습니

표류 물 위에 떠서 정처 없이 흘러감. 또는 목적이나 방향을 잃고 헤맴.

프람호 아문센이 극지방을 탐험할 때 타고 간 역사적인 배다. '프람'은 '전진'이란 뜻을 담고 있다.

남극을 향한 항해를 시작하다

다. 얼마 뒤 국왕이 기부금을 보내 주자 필요한 자금은 쉽게 모아졌습니다. 아문센은 경험 많은 대원들을 모았고, 마침내 세상 사람들도 그의 계획을 알게 되었습니다.

1903년 1월 17일 밤, 아문센은 크리스티아니아 항을 빠져나왔습니다. 노르웨이 해안이 눈앞에서 사라지자 아문센은 대원들에게 당부했지요.

"우리는 경험이 풍부하다. 중요한 것은 각자 자신이 맡은 바 임무를 성실히 수행하는 것이다. 멋진 항해가 될 수 있도록 최선을 다하기 바란다!"

북서 항로를 찾아서 북캐나다에 펼쳐져 있는 크고 작은 섬들의 미로에 접어들었을 때 아문센의 나이는 서른한 살이었고, 항로를 횡단하고 다시 크리스티아니아로 돌아왔을 때는 서른네 살이 되었습니다.

"노르웨이의 영웅, 아문센!"

"북서 항로 최초 횡단!"

아문센은 한때 난센이 받았던 그토록 열렬한 환영을 받았습니다.

아문센은 한 걸음 한 걸음 자신의 계획에 접근해 갔습니다. 이제 자신의 꿈을 구체적으로 실현할 배를 마련할 차례였지요.

'난센에게 프람호를 얻어 내야 해.'

아문센은 난센을 찾아가서 배를 넘겨 달라고 부탁했습니다.

"프람호를 타고 교수님처럼 북극으로 향하고자 합니다."

난센은 아무 말 없이 생각에 잠겼습니다. 짧은 시간, 난센의 머릿속으로 프람호를 타고 이루어 냈던 가슴 벅찬 일들이 영화처럼 스쳐 갔습니다.

"알았네, 그렇게 하겠네."

난센은 아문센에게 프람호를 넘겨 주었습니다.

아문센은 프람호를 점검하고 나서 대대적으로 수리를 시작했고, 디젤 엔진도 달았습니다.

1908년 11월, 노르웨이 국왕이 참석한 가운데 아문센은 북극으로 가는 새로운 탐험 계획을 밝혔습니다. 그 무렵에는 동쪽의 베링 해로 향하는 항로를 주로 이용했는데, 그의 계획은 아메리카 대륙을 빙 돌아가는 것이었습니다. 이때 아문센은 모든 사람들을 속였습니다. 극지방 탐사를 열렬히 지지했던 난센까지도…….

아문센은 놀라운 결정을 가슴속에 묻어 두고 있었습니다. 만약 세상에 알린다면, 난센이 탐험에 대한 그의 권리를 다시 따지고 들지도 모르니까요. 그러나 형 레온과 배의 책임자인 닐센에게만은 진실을 말했습니다. 필요한 장비나 지도를 구입하기 위해서는 어쩔 수 없는 일이었지요. 아문센은 닐센을 자기 방으로 불렀습니다.

"나는 의미 있는 첫 발자국을 찍고 싶네."

"그게 무슨 말인가?"

닐센이 새삼스럽다는 표정으로 아문센을 바라보았습니다.

"나는 늘 북극점을 마음에 두었지만 이미 늦었어. 피어리가 북극으로 들어갔으니 그가 먼저 북극점에 도달할 걸세. 그러나 아직 하나가 남아 있네."

아문센의 말에 닐센의 눈이 커졌습니다.

"그 말의 뜻이 뭔가? 목표를 북극에서 남극으로 바꾼다는 건가?"

아문센이 목소리를 낮췄습니다.

"비밀을 지켜 주게. 어느 시기까지는 말일세. 스콧은 모두가 알게 했지만 나는 그러지 않을 걸세."

"생사고락˙을 함께하는 대원들에게도 말인가?"

생사고락 삶과 죽음, 괴로움과 즐거움을 통틀어 이르는 말.

"조만간 말할 거야. 우리는 노르웨이 국기를 남극점에 맨 처음 꽂게 될 걸세."

"좋아! 조국의 명예가 우리 어깨에 걸려 있단 말이군."

닐센은 신이 나서 껑중껑중 뛰기까지 했습니다.

"힘 좋은 개들을 더 찾아야 해. 모든 준비를 두 달 안에 끝내야 해."

"좋아! 남극이라니, 정말 멋져!"

아문센은 남극 지역을 탐험한 사람들의 경험담을 분석해서 탐험 장비와 항로를 연구했습니다.

'모든 장비와 물품들을 에스키모개가 끄는 썰매로 운반하도록 해야지.'

아문센은 다시 탐험 대원을 개썰매 전문가 및 스키 실력을 갖춘 사람들로 뽑았습니다. 닐센 역시 적당한 구실을 만들어 런던에서 해상 지도를 주문했지요.

한편, 스콧은 남극에 갈 준비를 하면서 아문센에게 편지를 보내, 한번 만나서 극지방 탐험에 관한 학문적 작업을 함께 해 보는 것이 어떻겠느냐고 제안했습니다.

하지만 아문센은 답장을 보내지 않았습니다.

불붙은 남극점 정복 계획

1909년 6월 14일, 먼저 남극점으로 항해를 했던 섀클턴이 목표를 175킬로미터 앞두고 영국으로 돌아왔습니다. 국왕은 그의 신분을 귀족으로 높여 주었습니다.

비록 남극점을 포기했지만 섀클턴의 탐험은 매우 큰 의미가 있었던 것이지요.

남극이 그린란드 같은 얼음으로 이루어진 곳 위에 존재한다는 것을 증명했기 때문입니다. 영국을 온통 흥분의 도가니로 몰아넣은 섀클턴의 탐험을 지켜본 스콧은 미소를 지었지요.

'미지의 대륙에 국민이 이렇게 열광하다니, 나도 남극점 도전에 필요한 지원을 받을 수 있겠군.'

스콧은 남극에 갈 준비를 본격적으로 시작했습니다. 디스커버리호는 이미 팔렸으니 테라노바호를 얻어 내야겠다고 계획하고 있었지요.

그런데 스콧은 왕립 지리학회의 허락을 예상 밖으로 빨리 받아냈습니다. 미국인 피어리가 1909년 9월 6일에 북극점에 도달했다는 소식이 지리학회 사람들의 마음을 다급하게 했던 것입니다.

미국의 해군 장교 북극점 정복! 피어리는 흑인 헨슨과 에스키모 네 명, 그리고 개 40마리를 이끌고 북극점에 도달했다!

호외 특별한 일이 있을 때에 임시로 발행하는 신문이나 잡지.

호외*를 본 사람들은 모자를 던지며 환호성을 올렸습니다.

"대단해! 기념할 만한 사건이야."

세계가 떠들썩했습니다. 영국도 마찬가지였지요.

극지 탐험에 누구보다도 관심이 많던 마컴은 그날 저녁 스콧을 만났습니다.

"영국 사람들 모두가 남극점 정복을 바라고 있소."

"저는 빨리 남극점에 도달하는 것보다 그 탐험의 학문적인 성과가 더 중요하다고 생각합니다. 단지 남극점에 빨리 도달하기 위한 경주일 뿐이라면 저는 당장 이 일을 그만두겠습니다."

스콧의 말에는 강한 힘이 실려 있었습니다.

"하지만 왕립 지리학회와 영국 사람들 모두 남극 정복이라는 위대한 성공을 바라고 있소."

그 말에는 스콧도 고개를 끄덕였습니다. 그는 조용히 물을 들이켰습니다. 그러더니 결심한 듯 입을 열었지요.

"좋습니다. 해 보겠습니다. 우리 탐험대에 조국은 자부심을 가져도 좋을 것입니다."

마컴은 함박웃음을 지었습니다.

"바로 그것이오. 영국인의 자부심! 스콧 대장은 꼭 성공할 것이오! 우리 영국의 국기가 남극점에 가장 먼저 나부낄 것이오."

스콧의 입가에도 미소가 피어올랐습니다.

"기대하셔도 좋습니다. 제 계획대로만 된다면 1911년 말에는 남극점에 도착할 것입니다."

얼음에 갇힌 테라노바호

1910년 6월 7일 밤, 프람호는 노르웨이를 출발했습니다. 배가 아프리카 서쪽에 위치한 마데이라 섬에 이르러서야 아문센은 배의 진로를 승무원들에게 알렸습니다.

"이 배의 목적지는 남극이다. 남극점 정복에 도전할 것이다."

대원들은 깜짝 놀랐습니다.

"북극 탐험은 뒤로 미룬다. 우리가 경쟁할 상대는 영국이다."

아무도 입을 열지 않았습니다. 갑판 위에 긴장감이 흘렀지요.

"그만둘 사람은 그만두어도 좋다. 급료는 지급하겠다."

급료 일을 한 대가로 받는 돈을 뜻하는 말로 삯 혹은 품삯이라고도 함.

그러나 아문센의 말이 채 끝나기도 전에 대원들의 입에서 함성이 터져 나왔습니다.

"만세! 아문센 만세!"

1910년 6월 15일, 마침내 스콧이 이끄는 테라노바호는 영국 국민의 엄청난 기대 속에 영국 해안을 떠났습니다. 11월 초에 스콧은 런던에서 보내 온 소식을 받았습니다.

프람호가 향하는 곳은 아마도 맥머도 만인 듯합니다.

맥머도 만은 남극 대륙의 해안 지대로, 테라노바호가 앞으로 향하게 될 곳이었습니다. 이 소식을 접한 스콧은 아문센의 계획을 알아차렸습니다.

'아문센은 북극으로 간다고 해 놓고, 남극으로 갈 생각이었구나. 아, 아문센과의 경쟁을 피할 수 없겠구나. 프람호는 9월 둘째 주에 마데이라를 떠났다고 하는데, 그럼 대체 지금 어디에 있단 말인가?'

아문센보다 앞서서 남극점에 도착하려면 맥머도 만에 먼저 닻을 내려야 한다는 것을 스콧은 잘 알고 있었습니다.

'무슨 일이 있어도 아문센에게 뒤처져서는 안 돼.'

스콧은 조용히 주먹을 움켜쥐었습니다. 1910년 11월 29일, 테라노바호는 태풍에 휘말렸습니다. 닻으로 고정시켜 놓았는데도 갑판 위의 물건들은 정신없이 굴러다녔지요. 산더미 같은 파도 앞에서 손을 쓸 수 없었습니다. 펌프가 고장났지만 수리조차 할 수 없었습니다. 음식을 저장하기 위한 냉동

테라노바호 스콧은 '새로운 땅'이라는 뜻을 가진 테라노바호를 타고 남극점을 향해 갔다.

남극을 향한 항해를 시작하다 **59**

저장실을 설치하느라 정작 목숨이 걸린 펌프 시설을 소홀히 했던 것입니다.

'영국 해군의 항해술이라면 그 어떤 날씨에도 제대로 대처할 수 있어야 돼.'

이런 지나친 자만심이 문제였던 것입니다.

"함장님, 배 칸막이 벽에 구멍이 뚫렸습니다!"

여기저기서 급박한 상황이 터졌습니다.

"물을 퍼 내고, 펌프 흡입부를 수리해야 합니다!"

테디 에번스 대원의 주장에 따라 모든 대원들이 물이 목까지 차 오른 상태에서 열 시간이 넘게 물을 퍼 냈습니다.

"조금만 더! 조금만 더!"

굵은 땀을 흘리며 모두 하나가 되어 움직였지요.

"됐습니다! 펌프가 다시 가동되었어요!"

아마도 물을 빼내는 시간이 조금만 더 길었더라면 테라노바호는 침몰했을 것입니다.

마침내 테라노바호는 보호막처럼 남극을 두르고 있는 두꺼운 얼음 층을 뚫고 들어갔습니다. 이미 디스커버리호로 탐험을 한 적이 있는 스콧은 두꺼운 유빙과 거대한 빙산으로 이루어진 이곳을 잘

흡입부 기체나 액체 따위를 빨아들이는 부분.
유빙 바닷물의 흐름이나 바람에 의해 바다 위에 떠다니는 커다란 얼음 덩어리.

알고 있었지요. 그러나 그때는 쉽게 이 장벽을 통과했는데 이번에는 달랐습니다. 빙산 중에는 높이가 25미터를 넘는 거대한 것이 많았는데, 자칫 그 날카로운 모서리에 닿았다가는 배가 침몰할 수도 있었지요. 스콧은 두려움에 사로잡혔습니다.

'벌써 이런 얼음 층을 만나게 되다니!'

테라노바호는 3주일이 지나서야 두꺼운 얼음 층으로부터 벗어날 수 있었습니다. 얼음 층 하나를 뚫고 나가는 데만 20일이 넘게 걸린 것입니다.

"돛을 올려라! 로스 해협에서 남쪽으로 전진한다."

저녁 무렵, 대원들은 약 210킬로미터 앞에 있는 남극 대륙을 발견했습니다.

"대장님, 보입니다! 맥머도 만의 입구에 있는 휴화산입니다!"

"오, 에러버스 산!"

휴화산 지금은 활동을 하지 않지만, 언젠가는 활동을 할 것으로 보이는 화산.

스콧은 그제야 여유 있는 표정을 지었습니다.

"앞으로 우리 배가 닻을 내리게 될 곳이지."

고요하게 자리하고 있는 남극 대륙. 아직까지는 그 누구의 흔적도 느껴지지 않았습니다.

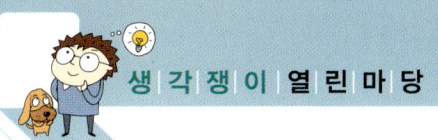

남극을 향해 돛을 올린
프람호와 테라노바호

아문센과 스콧의 남극점 정복에서 빼놓을 수 없는 배 두 척이 있다. 바로 프람호와 테라노바호이다.

프람호는 아문센의 우상이자 스승이라고 할 수 있는 난센이 북극해 조사를 위하여 1892년에 건조한 범선으로, 프람은 '전진'이라는 뜻이다.

무게 700톤, 길이 39미터, 너비 11미터인 프람호는 이듬해부터 북극과 남극의 해양 탐험에서 활약했다. 특히 난센의 지휘 아래 1893년 9월부터 1896년 8월까지 시베리아 바다에 떠 있는 얼음 덩어리에 갇혀 무려 3년 동안이나 북극해를 표류한 것은 유명하다. 특수한 배 모양 덕분에 얼음의 압력에도 꿋꿋이 버텨 귀중한 해양·기상·해수 등에 대한 조사를 실시했다. 계속해서 불어오는 바람으로 생기는 해류의 방향은 바람이 불어 나가는 방향에 비해 북반구에서는 약 40도 가량 오른쪽으로 쏠린다는 사실을 확인했고, 얼음 표류에 대한 각종 연구를 했다.

프람호는 아문센의 남극점 정복에도 사용되었다.

　프람호는 1920년대 말까지 총 8만 2600해리를 항해했다. 1935년에 노르웨이의 수도 오슬로에 있는 해양 박물관 안으로 옮겨져 전시되면서 바이킹 후손들의 위대한 탐험의 역사를 이야기해 주고 있다.

　한편, 스콧의 테라노바호는 1884년에 영국 던디에서 건조된 고래잡이 배다. '테라노바'란 '새로운 땅'을 뜻한다. 미지의 세계에 도전하는 탐험대에 썩 잘 어울리는 이름이다.

　테라노바호는 무게 400톤, 길이 56미터, 너비 9.03미터로 프람호보다 규모가 훨씬 작고 낡은 배였다. 이 배는 1903년에 디스커버리호 탐험대를 구조하는 데 사용되었으며, 스콧은 적은 예산에 맞추느라 이 배를 사서 남극점 도전 때 사용했다.

남극 위에 펼쳐진 세기의 도전

훼일스 만과 맥머도 만에 사령 본부를 설치한 두 탐험대

프람호는 로스 빙상 동쪽에 자리한 훼일스 만을 향해 출발했습니다. 스콧의 배보다 물품을 훨씬 적게 실은 프람호는 그만큼 가볍게 움직일 수 있었습니다. 조타실˚에는 항해 목적지가 표시된 지도 한 장이 걸려 있었지요.

'로스 빙상의 가장자리에 도착하기만 하면 처음부터 유리한 고지를 차지할 수 있다.'

아문센은 자신만만했습니다.

"왜 훼일스 만으로 향합니까?"

"배로 도달할 수 있는 그 어떤 지점보다도 남극점에서 150킬로미터쯤 더 가깝거든."

그곳은 맥머도 만에 정박할 스콧이 머물 지점보다 위도상 정확하게 1도 더 남쪽에 위치한 지점이었습니다.

조타실 조타 장치가 있는 방을 말함. 배의 키를 조종하는 것을 조타라고 함.

아문센은 철저하게 조사해 이 장소를 택했고 그것은 탁월한 선택이었습니다. 지난날 스콧 역시 디스커버리호의 선착장을 찾던 중 같은 지점을 스쳐 지나가기는 했지만, 베이스캠프로 이용하기에는 적절치 못하다고 생각했지요.

스콧은 로스 빙상의 서쪽 끝 지점인 맥머도 만을 탐험 사령 본부로 삼기로 했습니다. 빙상의 가장자리가 낮아서 바다와 같은 높이를 이루고 있는 곳이었지요.

아문센은 사람들이 위험하다고 여겨서 배를 돌렸던 훼일스 만에 자신의 탐험대 사령 본부를 설치했습니다.

'위험을 피해 가기보다 정면으로 승부하자. 여기에서 남극점을 향해 출발한다면, 맥머도 만에서 출발하는 것보다 약 150킬로미터 정도의 거리를 벌 수 있어.'

빙상의 움직임이 정확하게 분석되지 않아 위험은 따랐지만 아문센은 훼일스 만을 남극점 정복의 출발점으로 삼았습니다.

'만약 얼음이 깨져 설치해 놓은 베이스캠프가 로스 해 쪽으로 쓸

려 가 버린다면······.'

그렇다면 모든 대원이 생명을 잃을 게 뻔했습니다.

'중요한 것은 승리야! 죽고 사는 건 그 다음 문제지.'

1910년, 크리스마스가 다가왔습니다. 아문센은 순풍이 불고 얼음을 만나지 않아 벌써 로스 빙상 옆 훼일스 만에 베이스캠프인 '프람하임'을 세웠습니다. 스콧이 남극점에서 640킬로미터 떨어진 곳에 캠프를 세웠다는 것도 알고 있었지요.

'대낮같이 밝은데 크리스마스 이브라는 게 믿어지지 않는군.'

남극의 태양은 수평선 아래로 떨어지는 법이 없었습니다.

얼음에 반사된 눈부신 햇빛 속에서 대원들은 조촐한 크리스마스 파티를 준비했지요.

계획이 잘못된 것 같다

스콧은 아문센에 비해 매우 뒤처져 있었습니다. 크리스마스 저녁, 테라노바호는 남위 69도 1분, 서경 178도 29분 지점에 이르렀습니다. 이곳은 크로지어 곶에서 약 900킬로미터쯤 떨어진 곳이었지요.

'후유, 도대체 이런 거대한 빙산이 언제까지 계속될 건가?'

빙산이 끊임없이 앞길을 막았습니다. 게다가 살을 에는 듯한 얼음 바람 역시 방해꾼이었지요. 테라노바호가 지나는 바다를 꽁꽁 언 얼음판으로 만들어 버렸으니까요. 겨우 배 한 척이 지나다닐 수 있는 좁은 길이 테라노바호 앞에서 열렸다가, 배가 지나가고 나면 다시 닫혔지요. 배는 몇 번이나 멈췄다가 달리기를 되풀이했습니다.

"대장님, 언제까지 이렇게 반복해야 할까요?"

"알 수 없지. 바람이 방향을 바꾸어서 유빙들이 움직일 때까지 기다려야지."

얼음 덩어리들은 배 주변을 눈부시게 하얀 장막처럼 끝없이 에워쌌습니다. 테라노바호의 대원들은 길이 열리기를 하염없이 기다릴 수밖에 없었지요.

"안 되겠다. 항로를 바꾸자. 로스 섬으로 가자."

크로지어 곶에 정박하는 데 실패한 테라노바호는 항로를 바꾸었습니다. 차츰 날씨가 풀려 12월 31일에 영국 스콧 탐험대는 로스 섬 에번스 곶에 정박했습니다.

"서둘러 짐을 내리고 캠프를 세우자!"

영하 20도에 이르는 매서운 날씨와 눈보라 폭풍 속에서도 대원들은 재빠르게 움직였습니다. 며칠 뒤 평평하게 다져진 땅 위에 멋진 캠프가 세워졌지요. 그뿐만 아니라 창고와 마구간도 세워졌습니다.

'제일 큰 걱정은 조랑말이야. 생각보다 너무 약하고 둔해. 원래의

날렵함은 다 어디로 갔지?'

짐을 내리는 동안 벌써 조랑말 두 마리가 빙판에 쓰러져 죽었습니다.

스콧은 자신이 실수했음을 깨달았습니다. 개들은 손쉽게 얼음을 건너뛰는데 조랑말들은 달랐으니까요. 게다가 겁이 많아 툭하면 흥분해서 날뛰고 썰매를 끌기 싫어했습니다. 키가 작아 눈 속에 잘 파묻히는 것도 어려운 점이었지요.

어려운 일은 또 일어났습니다.

"대장님! 썰매가 얼음 틈에 박혔습니다!"

스콧이 소리 나는 쪽으로 고개를 돌렸습니다. 대원들이 모터 썰매를 빼내느라 안간힘을 쓰고 있었지요. 스콧은 기운이 쑥 빠지고 말았습니다.

"꼼짝도 안 합니다."

"조금 방향을 바꿔 당겨 보게!"

스콧은 자신의 목소리에 확신이 없음을 깨달았지요.

'왜 모터 썰매 기술자를 데려오지 않았던가……. 계획이 잘못된 것 같다.'

에번스 곶에 첫 번째 캠프가 설치되면 캠벨 소위가 학문적인 연구를 위해 테라노바호를 타고 해안을 따라 올라가기로 했습니다. 영국 탐험대의 가장 중대한 목표는, 스콧이 디스커버리호로 지난번 탐험에서 발견한 킹에드워드 7세 랜드의 지형과 그 상태를 연구하는 것이었지요. 캠벨은 그곳에 겨울을 나기 위한 캠프를 세울 생각이었습니다.

훼일스 만에서 맞닥뜨린 두 탐험대

캠벨이 탄 테라노바호는 로스 빙상을 따라 움직이다가 거센 남서풍과 파도에 휩쓸려 훼일스 만에 이르게 되었습니다.

"아니, 여기가 어디야? 우리 항로에 없던 곳이잖아?"

그 순간, 흐릿한 안개 너머로 정박해 있는 배가 보였습니다. 프람호였지요.

"아문센의 배다!"

갑판 위에 있던 테라노바호의 대원들이 소리를 질렀습니다.

소식을 전해 듣고 달려온 아문센이 캠벨 일행을 프람호에 초대했습니다.

"배 안이 정말 쾌적해 보이는군요. 구경 좀 해도 되겠습니까?"

"아, 물론이죠. 그런데 스콧 대장님은 어디에 계십니까?"

"대장님은 이곳에서 500킬로미터 떨어진 에번스 곶에 있는 베이스캠프에 계십니다."

"에번스 곶에요? 왜 거기에……?"

캠벨의 말에 아문센이 놀란 듯 눈을 크게 떴습니다.

"거긴 여기보다 남극점과 더 떨어져 있는 곳인데요. 남극점은 여기에서도 1,400킬로미터나 떨어져 있는 걸요."

캠벨은 아문센의 말이 옳다는 것을 알지만 맞장구를 칠 수는 없었지요.

"하지만 남극에서 겨울을 보낼 때 얼마나 남극점 가까이에 있느냐는 문제가 되지 않습니다."

캠벨의 말을 듣던 아문센이 그들에게 마실 것을 건네며 물었습니다.

"함께 온 대원은 모두 몇 명입니까?"

"65명입니다. 그리고 개 30마리, 조랑말 15마리가 왔습니다."

아문센은 고개를 끄덕이며 말했습니다.

"대원들과 함께 프람하임을 방문해 주십시오."

"네, 꼭 방문하겠습니다."

"들러 주시면 영광이지요."

그때 조용히 있던 레빅 박사가 아문센에게 물었습니다.

"개를 많이 데려오셨지요?"

"네, 116마리요. 그런데 계속 늘어났지요. 오는 동안 새끼들이 태어났지 뭡니까."

레빅 박사의 얼굴에 부러워하는 표정이 스쳤습니다. 아문센에게서 느껴지는 자신감은 영국 탐험대의 기를 죽이기에 충분했지요.

"우리 배에도 꼭 한 번 방문해 주십시오."

캠벨 일행은 아문센과 닐센 등 몇 명을 테라노바호에 초대했습니다.

"네, 그러겠습니다."

캠벨 일행은 인사를 하고 테라노바호로 돌아왔습니다. 영국 탐험대에 비해 노르웨이 탐험대는 모든 것이 더 안정되어 있다는 느낌을 떨치지 못하면서…….

곧 프람호의 대원들도 테라노바호를 방문했습니다. 잠시 뒤 방문하고 돌아온 그들의 평가는 한결같았지요.

"별로 근사해 보이지 않던데."

"맞아. 이번 항해에 맞지 않는 부분이 한두 가지가 아니었어."

테라노바호에 발을 들여놓은 아문센은 배 안에 무선 통신 장비가 없다는 사실을 알고 안도의 한숨을 내쉬었습니다.

'탐험의 성공과 실패 여부를 세상에 직접 알리고 싶다. 그때까지는 도중에 벌어지는 모든 일을 세상 사람들이 몰라야 한다.'

테라노바호의 음식은 훌륭했습니다.

"모터 썰매는 어디에 있나요?"

아문센은 슬쩍 떠보았습니다. 실은 그것이 궁금했거든요.

"네, 이미 단단한 땅 위에 옮겨 놓았습니다."

그 말을 듣는 순간 아문센은 씁쓸했습니다. 썰매가 이미 육지로 옮겨졌다는 것은 썰매가 성공적으로 얇은 얼음 층 위를 통과했다는 것을 뜻하니까요.

'그렇다면 모터 썰매가 벌써 비어드모어 빙하에 도착한 것은 아닐까?'

그러나 캠벨이 말한 단단한 땅이란 맥머도 만의 딱딱한 해저 바닥을 가리킨 것이었습니다. 이런 사실을 아문센은 몰랐지요.

에러버스 해안에 상륙한 스콧 일행이 테라노바호에서 첫 번째 모터 썰매를 배에서 내려 땅의 표면이 단단한 곳으로 끌고 가려는 순간이었습니다.

얼음장이 모터 썰매의 무게를 이기지 못하고 무너져 내렸지요. 선원들은 밧줄과 함께 얼음 속으로 빨려 들어갈지도 모른다는 두려움 때문에 모터 썰매를 포기하고 말았던 것입니다.

아문센은 다시 캠벨과 몇몇 대원을 빙판 위에 지은 프람하임으로 초대했습니다. 아침 식사에 준비된 음식은 초라했습니다.

'아니, 이렇게 부실하게 먹고 어떻게 견디지?'

프람하임에는 나무 오두막을 빙 둘러 16인용 천막 14채가 세워져 있었습니다. 그중 몇 채는 식료품을 저장하기 위한 것이고, 다른 천막들은 개들을 위한 것이었지요.

개들을 위한 천막을 보여 주며 아문센이 설명을 덧붙였습니다.

"개들의 컨디션을 최상으로 유지해야 합니다. 그러려면 추위와 폭풍으로부터 잘 보호해 줘야 합니다."

캠벨은 아문센의 치밀함에 감탄하지 않을 수 없었습니다.

그때 아문센이 제의했습니다.

"프람하임 옆에 영국의 베이스캠프를 설치하면 어떻겠습니까?"

아문센은 마음껏 아량을 베풀 수 있는 위치에 있었지요.

"글쎄요, 호의는 고맙지만……."

캠벨은 속으로는 찬성하고 싶었습니다. 그는 판단력이 뛰어난 사람이었지요.

그러나 다른 사람들의 의견은 달랐습니다.

아문센의 탐험 대원들 아문센(동그라미 속 인물)과 함께 캠프 안에서 휴식을 취하고 있는 대원들.

"그건 안 되지요. 두 탐험대 간의 긴장감은 그대로 유지되어야 합니다."

한 대원의 생각에 영국 대원들이 고개를 끄덕였습니다.

테라노바호는 10시간 후에 훼일스 만을 떠났습니다.

배가 시야에서 사라지자 아문센이 짧은 한숨을 내쉬었습니다.

'기계가 썰매개보다 나을까? 아냐, 썰매개가 나을 거야. 그런데 내 생각이 맞을까?'

모터 썰매의 이야기를 들은 뒤로 아문센은 걱정이 되었지만 얼음 위에서는 썰매개가 훨씬 더 속력을 낼 것이라고 믿었습니다.

남극 대륙 훼일스 만에 상륙한 아문센과 1월 18일 에러버스 해안에 상륙한 스콧은 각각 기지를 세우고 겨울을 나면서 남극점에 도전할 준비를 했습니다.

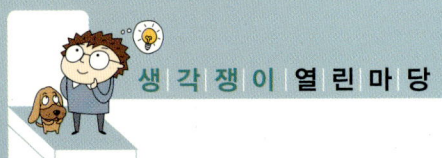

빙하에서 빙상, 빙산, 유빙까지

기온이 매우 낮은 높은 산악 지대나 극지방에서는 눈이 내리면 녹지 않고 계속 쌓인다. 엄청난 두께로 쌓인 눈은 압력에 의해 아랫부분이 얼음으로 바뀌게 된다. 이렇게 만들어진 거대한 얼음은 중력에 의해 낮은 곳이나 바깥쪽으로 흐르게 된다. 이렇게 얼음 덩어리가 강처럼 흐르는 것을 '빙하'라고 부른다. 빙하가 흐르는 속도는 빠른 경우 일 년에 약 4킬로미터이고, 느린 경우는 2미터로 거의 그 흐름을 느끼기 어렵지만 그 위력만큼은 대단하다.

남극 대륙에는 해안가를 따라 몇 백 개의 빙하들이 있다. 빙하에서 흘러내린 얼음은 바다 위로 퍼져 나가며 평평하게 얼어붙는다. 이 같은 얼음 평원을 '빙상'이라고 일컫는다.

남극 대륙은 해안의 3분의 1이 빙상으로 덮여 있으며, 로스 빙상, 론 빙상, 필히너 빙상 등이 유명하다. 1841년에 영국의 극지 탐험가 로스가 발견한 로스 빙상은 우리나라 면적의 두 배에 이르는 엄청나게 큰 빙상이다.

빙상에서는 이따금 거대한 얼음 덩어리들이 떨어져 나가는데 이것이 바로 얼음 산, 즉 '빙산'이다. 남극의 빙산은 평평한 빙상에서 떨어져 나오기 때문에 윗면이 테이블처럼 평평한 것이 많다. 이에 비해 북극의 빙산은 위가 뾰족한 피라미드 모양 빙산이 많다. 북극의 빙하는 가파른 골짜기를 내려오면서 여기저기 부딪쳐 모양이 날카로워지기 때문이다.

빙산은 바다를 항해하는 선박에게 매우 위험한 존재이다. '빙산의 일각'이란 말도 있듯이 빙산이 물 위로 떠오른 부분은 전체 빙산의 약 7분의 1에 불과하며, 따라서 이따금 배가 빙산에 부딪치는 사고가 일어난다.

영국의 초호화 여객선 타이타닉호가 그 예이다. 1912년 당시에 타이타닉호는 빙산에 부딪쳐 1500여 명의 목숨을 잃고 바다 속으로 침몰했다.

또한 바다에는 거대한 빙산에서 얼음 조각이 떨어져 나와 떠돌아다닌다. 이것이 '유빙'이다.

아문센에게 점점 뒤처지는 스콧

첫 번째 저장 기지를 구축하러 출발하다

1911년 2월 10일, 아문센은 대원 세 명과 함께 길을 나섰습니다. 썰매 세 대와 개 18마리와 함께였지요. 아직까지 프람호는 빙상 옆에 머물고 있었습니다.

"대장님, 우리가 돌아올 때쯤이면 프람호는 보이지 않겠지요?"

섭섭한 듯 한센이 말했습니다.

"아마도 그렇겠지. 하지만 곧 다시 만날 텐데, 뭘."

"맞습니다! 우리에겐 중대한 사명이 있으니까요!"

한센의 우렁찬 목소리가 남극의 눈밭에 울려 퍼졌습니다. 그는 첫 번째 썰매 뒤에서 나침반을 가지고 방향을 바로잡는 일을 하는 사람이었습니다. 아문센은 한센의 능력을 높이 평가하여 그에게 두 배의 급료를 지불했지요. 두 번째 썰매에 탄 요한센은 두 번째 나침반을 지켜보았습니다. 그는 이미 난센과 함께 북극 탐험을 했던 경험이 있는 사람이었습니다.

아문센은 세 번째 나침반을 눈여겨보고 있었습니다. 그 밖에도 썰매에는 회전계가 장착된 바퀴 하나가 부착되어 있었는데, 이것은 달려온 거리를 측정하기 위한 것이었지요.

"정말 놀랍군요."

그들의 입에서는 계속해서 감탄의 소리가 터져 나왔습니다.

"빙상이라고 하나도 다르지 않네요. 드넓은 빙하 위를 달리는 것 같아요."

아문센은 일이 생각보다 순조롭게 진행되어 기분이 좋았습니다. 기온은 평균 영하 12도 정도라 견딜 만했지요.

2월 14일에 그들은 남위 80도 지점에 이르렀습니다. 저장 기지를 설치하고 난 다음 대원들은 곧장 돌아섰지만, 프람하임에 돌아오는 데는 꼬박 이틀이 걸렸습니다. 대원들은 어쩌면 아직 프람호가 훼일스 만에 있을지도 모른다고 생각했습니다. 그러나 프람호는 보이지 않았지요. 이미 12시간 전에 떠났던 것입니다.

"기분이 묘해요. 프람호가 보이지 않으니까."

"나도 그래. 너무 허전해."

아문센은 대원들에게 용기를 북돋아 줘야 할 책임감을 느꼈습니다.

"임무를 완수하고 다시 만날 날을 기다립시다. 머지않았어요."

그리니치 천문대*를 기점으로 하여 동경 163도, 남위 81도, 82도, 83도 지점에도 비축물* 저장 기지를 설치해야 했습니다. 그러나 그런 일들에 앞서 빼놓을 수 없는 중대한 일이 있었지요. 그것은 신발 수선이었습니다. 신발이 발에 꼭 끼면 물집이 생기고 동상에 걸리기 쉬우니까 그들은 무거운 스키 장화의 이음새를 뜯어 가죽 조각을 박아 넣는 등 저마다 스키 장화와 씨름했습니다.

그리니치 천문대 영국 그리니치에 있는 천문대. 1675년 천문·항해술을 연구하기 위해 창설했음. 지구의 경선을 결정하는 데 기준이 되는 본초 자오선이 이곳을 지남.

비축물 만약의 경우를 대비하여 미리 갖추어 모아 두거나 저축한 것.

3월 3일, 그들은 남위 81도에 도착했고 두 번째 저장 기지를 설치했습니다. 대원 세 사람이 병든 개들을 데리고 돌아갔고 나머지 사람들은 계속 전진했지요. 아문센은 남위 83도까지 가려고 했지만 상황이 너무 나빴습니다. 아무리 채찍을 휘둘러도 개들은 20여 킬로미터 이상을 달리지 못했습니다. 상황은 자꾸 나빠져 갔지요. 더 이상 일어설 수 없는 개도 생겨나기 시작했습니다.

요한센은 죽은 개를 다른 개들의 먹잇감으로 던져 주었습니다. 병든 개 또한 다른 개들의 먹이가 되었지요. 그래서 대원들은 썰매의 무게를 줄일 수 있었습니다.

훗날 아문센은 이렇게 고백했습니다.

남극 대륙의 기억 가운데 가장 가슴 아픈 것은 훌륭한 개들이 처참하게 죽어 갔다는 사실이다. 나는 개들을 혹사시켰다. 그러나 나 자신의 몸도 아끼지 않았다는 것으로 위안을 삼았다.

온도계의 수은주는 이미 오래전에 얼어붙었고 숨을 쉴 때마다 추위에 목구멍이 타들어가는 듯 고통스러웠습니다. 손가락 끝의 동상 물집은 터져 버렸고 얼굴 피부는 추위 때문에 쩍쩍 갈라졌지요. 그래도 고문과 같은 행군을 멈추지 않았습니다.

귀환 길에 오른 대원들은 예상보다 사흘 늦게 돌아왔습니다.

"안개가 너무 짙어 앞이 안 보입니다!"

어느 날 대원들은 얼음 조각이 만들어 낸 미로 속에 빠져들었고 개 두 마리를 잃었습니다. 우두머리 개 두 마리가 서 있던 눈다리가 무너져 내리는 바람에 낭떠러지 아래로 굴러 떨어져 버린 것이지요.

대원들은 남위 80도까지 가는 동안 1.6킬로미터마다 깃대와 눈으로 만든 피라미드를 이용하여 길을 표시해 두었습니다.

60퍼센트 뒤진 영국 탐험대

한편 맥머도 만에 있는 영국인들 역시 저장 기지를 구축하기 위한 여행에 여념이 없었습니다. 그러나 그들의 여행은 정확한 계획에 따라 수행된 것이 아니었습니다. 스콧은 디스커버리호 항해 때도 그랬듯이, 이번에도 머리에 떠오르는 생각에 따라 움직였습니다. 게다가 그는 풍부한 경험도 없었지요.

"미지의 땅에 상륙한 이상 반드시 자연을 정복해야 한다. 한 팀은 서쪽의 빅토리아 랜드로 가고, 다른 한 팀은 킹에드워드 7세 랜드를 탐사하러 테라노바호와 함께 동쪽으로 가도록! 나는 남쪽으로 간다!"

스콧이 자연을 대하는 태도는 아문센과는 달랐습니다. 아문센은 극점을 정복하려곤 했지만 힘으로 자연을 이기려 하진 않았지요. 그는 거친 자연에 스스로를 적응시키려고 했습니다. 아문센은 미지의 땅을 존중했던 것입니다. 그와는 달리 스콧은 전사의 자세였습니다. 승리가 결정되어 있는 최후의 전투를 치르기 위해 싸움터로 향하는 사람 같았지요.

스콧은 에번스 곶과 헛포인트 두 곳에 캠프를 설치하고, 남위 80도에 중앙 저장 기지 하나를 설치하기로 했습니다. 남쪽으로 향하는 보급 부대는 느리게 움직였습니다. 매일 아침 대원들은 무거운 짐을 짊어진 조랑말들을 가장 먼저 출발시켰습니다. 조랑말의 전진 속도

가 개썰매보다 훨씬 더 느렸기 때문이지요.

"아유, 속 터져! 이렇게 느려서야 원!"

조랑말에 대한 불평이 터져 나왔습니다. 게다가 조랑말들은 새로 내린 눈 속에 고립되기 일쑤였습니다.

"젖 먹던 힘까지 짜서 조랑말에 매달리다니! 울화가 치미네요."

기병대 장교인 오츠는 툭하면 눈 속에 파묻히는 조랑말들을 끄집어내느라 안간힘을 썼습니다.

"개와 조랑말의 달리는 속도가 다르니 개를 나중에 출발시키도록 한다."

그러나 스콧의 명령은 눈보라가 치기 시작하면 아무 소용도 없었습니다. 출발할 수도 없었으니까요. 폭풍이 몰아칠 때면 조랑말들은 그저 고개를 축 늘어뜨리고 눈 속에 서 있을 뿐이었습니다.

"날씨가 좋아질 때까지 천막에서 기다리도록! 눈보라가 치면 전진하기 어렵다."

기온이 올라가자 빙상 위로 비가 내리거나 안개가 끼었습니다. 이렇게 되자 조랑말의 몸에 습기가 스며들었지요. 오츠는 틈이 나는 대로 조랑말들을 문질러 주었지만 쇠약해질 대로 쇠약해진 조랑말들의 건강은 날로 나빠졌습니다.

"대장님, 살 가망이 없는 조랑말들을 잡아 식량 저장 창고에 보관

하는 게 어떨까요?"

하지만 스콧은 단호하게 거부했습니다.

"안 돼, 그럴 수 없다."

행군을 시작한 지 24일이 지나자 사람과 동물 모두 체력이 바닥나 버렸습니다. 조랑말 몇 마리는 그 자리에 주저앉은 채 일어서지도 못했지요.

"조랑말을 사살하고 계속 전진해야 합니다, 대장님."

오츠가 스콧에게 제안했으나 스콧은 역시 고개를 저었습니다.

"단순히 전진해야 한다는 것 때문에 비양심적인 행동을 하고 싶지는 않소. 난 기독교인의 입장에서 행동하겠소. 병든 조랑말을 세심하게 돌봐 주시오."

이 명령은 대원들의 생명을 위협하는 치명적인 결정이었습니다.

"에번스 곶을 출발하여 남위 79도 지점에 도착하는 데 4주일이 걸렸어요."

"처음의 목표 지점에 못 미치지만 여기에 통조림 저장 창고를 설치하도록 하지."

아문센은 남위 80도까지 닷새 만에 도착했고 다시 돌아오는 데 이틀이 걸렸지만, 영국 탐험대의 평균 행군 속도는 노르웨이 탐험대의 속도에 비해 약 60퍼센트나 뒤져 있었습니다. 보급품 1톤을 남위 80

도 가까이에 옮겨 놓기 위해 대원 13명이 한 달 동안이나 고군분투 했지요. 그런 반면 노르웨이 탐험대는 대원 8명과 개 50마리로 3톤의 물량을 이보다 2도나 더 남극점 가까이 옮겨 놓고 있었습니다.

고군분투 남의 도움을 받지 않고 힘에 벅찬 일을 잘 해 나가는 것을 말함.

백색의 긴긴 겨울

1911년 4월 21일, 프람하임 위에 떠 있던 태양이 지평선 아래로 사라졌습니다.

'앞으로 넉 달 후에야 다시 태양을 보겠구나!'

캠프에 있던 대원들은 자신들이 해야 할 일을 정확하게 알았습니다. 대원들이 사용하는 공간에는 카펫이 깔려 있고, 석유난로가 베이스캠프의 온도를 20도 이상으로 쾌적하게 유지시켰습니다. 벽에는 사진과 노르웨이 국기가 걸려 있고 엽서 몇 장이 붙어 있었지요. 겨울 동안 장화와 옷가지의 수선 작업이 이루어졌고, 썰매를 손질해 무게를 35킬로그램으로 가볍게 줄였습니다. 또한 모든 대원들을 위해 스키를 다시 만들었습니다.

조리사인 린스트룀은 아침 식사로 월귤나무 열매와 딸기 팬케이크를 준비했습니다. 괴혈병 예방 음식이었지요. 점심과 저녁에는 영양이 풍부한 바다표범 고기와 잡곡빵을 냈습니다.

프람하임의 분위기는 더할 나위 없이 좋았습니다. 그러나 극지방의 겨울이 끝나 갈 무렵, 아문센은 봄이 올 때까지 기다릴 수 없다는 듯 안절부절못했지요. 영국 탐험대가 신경 쓰여 마음의 평정을 잃은 것입니다.

"만약 우리가 첫 번째가 될 수 없다면 차라리 오지 말았어야 해."

어느 날, 아문센은 갑자기 캄캄한 어둠 속으로 뛰쳐나가며 소리를 질렀습니다.

"안 들려? 저쪽에서 모터 썰매 소리가 났잖아!"

이런 위기에서 빠져나오는 길은 단 한 가지밖에 없었지요.

"더 이상 지체할 수 없다. 출발해야겠어!"

에번스 곶에서도 대원들 사이에 긴장감이 높아지고 있었습니다. 스콧의 얼굴에 감돌던 그 미소도 볼 수 없었지요. 가장 여유로운 식사 시간 때조차 어두운 그림자가 식탁을 가득 채웠습니다.

"아무래도 아문센 탐험대가 우리보다 훨씬 더 전망이 밝은 것 같아. 우리보다 96킬로미터나 더 극점에 가깝잖아."

모든 대원들이 두려워하면서도 떨치지 못하는 말을 누군가가 입 밖에 냈습니다.

"맞아, 거기서는 바로 남극점으로 돌진할 수 있지."

"반면에 우리는 남극점으로 돌진하기 위해서 섬들을 거쳐야만 해."
모든 대원이 그렇게 생각했습니다.
그러나 오직 한 사람, 스콧만은 이 의견에 동의하지 않았습니다.
"탐험의 가치 문제야. 나는 그 누구도 의식하지 않네. 우리는 우리 계획을 실행하면 돼."
에번스가 스콧에게 제안했습니다.
"대장님, 학술 탐사 팀을 보내지 말고 모든 힘을 남극점 정복에 쏟는 게 어떨까요?"
"안 되네. 모두 내 의견에 따라 주게."
스콧은 마치 반란의 씨앗이라도 본 듯 예민하게 반응했습니다.
"우리의 목적은 미지의 대륙 탐사라는 걸 명심하게. 오로지 남극점을 정복하기 위한 목적만이 아니란 말일세."
스콧이 무조건 자기 뜻대로 대원들을 지휘하려고 하자 스콧과 대원들 사이는 자꾸 멀어졌습니다.
6월 27일, 동물학자인 윌슨 등 몇 명이 황제펭귄의 알을 가져오기 위해 탐사에 나섰습니다. 스콧도 동행했지요. 스키를 제대로 탈 줄 아는 사람이 아무도 없어서 그들은 손수 썰매를 끌 수밖에 없었습니다. 어떤 날은 하루에 2~3킬로미터밖에 나아가지 못했지요. 그들은 5주일이 지나서야 영하 40~50도쯤 되는 추위 속에서 황제펭귄의 알을 가지고 에번스 곶으로 돌아왔습니다.

'이 지독한 추위를 피하는 데 모피 옷이 더 나을지도 모르겠군.'

스콧은 추위에 떨면서 내내 에스키모의 모피 옷을 떠올렸습니다.

9월 10일, 스콧은 남극점을 정복하기 위한 최종 계획을 대원들에게 알렸습니다.

"3월 중순까지는 남극점 공략 팀과 함께 다시 에번스 곶으로 돌아갈 생각이다."

이 시기는 남극 지방의 겨울로 매우 위험했습니다.

스콧은 충분한 안전 대책도 없이 행군 일정을 세웠습니다. 그러나 이의를 제기하는 대원은 아무도 없었습니다. 캠프에서의 생활이 지루했기 때문이지요. 이제 대원들에게는 임무를 끝까지 완수하는 일만 남아 있었습니다. 그러나 그들의 바람과는 달리 이미 승부는 결정이 나 있었지요.

자연을 극복한 에스키모의 지혜

북극의 원주민인 에스키모는 사냥한 고기를 칼로 저며 그대로 먹는다. '에스키모'란 이름도 캐나다 인디언들이 에스키모의 이 같은 식사 습관을 보고 붙인 것이라고 한다. 즉, 에스키모는 '날고기를 먹는 인간'이라는 뜻이다. 하지만 에스키모 자신들은 스스로를 '인간'이란 뜻의 '이뉴잇'이라고 일컫는다.

에스키모는 왜 날고기를 먹었을까? 날고기는 비린내도 나고 먹기에 거북했을 텐데 말이다.

남극이나 북극과 같이 신선한 채소와 과일을 구하기 어려운 지역에 오랜 기간 머무르는 사람들에게 가장 무서운 질병은 괴혈병이다. 괴혈병은 비타민 C가 부족할 때 잇몸이나 피부 등에서 피가 나고 빈혈이 생기는 병으로 심할 경우 뼈가 흐물흐물하게 녹고 죽음에 이르기도 한다.

비타민 C가 풍부한 과일과 채소를 먹을 수 없는 처지에 괴혈병을 막을 수 있는 방법은 무엇일까? 동물의 날고기를 먹는 것이다. 날고기에는 비타민

C가 함유되어 있기 때문이다. 그러고 보면 에스키모가 날고기를 먹는 습성은 매우 과학적인 행동이라고 할 수 있다. 물론 에스키모가 날고기를 먹는데는 날고기를 요리할 땔감을 구하기 어렵고, 또한 워낙 추운 지역이라 굳이 익혀 먹지 않아도 상한 음식을 먹을 염려가 없다는 점도 작용했을 것이다. 극지방에 도전한 대부분의 사람들이 날고기를 먹었다. 물론 아문센과

스콧도 예외가 아니다.

　에스키모의 의생활 또한 극지 탐험가들이 본받을 만하다. 순록 가죽으로 만든 에스키모의 전통 의상은 극지방 생활에 매우 이상적인 의복이다. 겉옷과 속옷이 있고 각각 아래위로 구분되며, 겉옷은 털을 바깥쪽으로, 속옷은 털을 안쪽으로 하여 입는다. 또한 단추를 달지 않고, 겉옷의 윗도리에는 늑대의 털로 가장자리를 댄 머리 덮개가 달려 있으며, 모든 부분을 여유 있게 만들어 몸과의 사이에 공간이 생기도록 하고 있다. 보온에 안성맞춤이라고 할 수 있다. 신발과 양말도 순록의 모피로 만드는데 신발은 털을 바깥쪽으로, 양말은 털을 안쪽으로 하고, 신발 바닥은 바다표범의 가죽을 쓰기도 한다.

　에스키모의 주거 생활로 잘 알려진 것이 이글루이다. 이글루는 눈으로 만드는 움집으로 눈이 많이 내리는 지방에서만 지을 수 있으며, 대개 에스키모가 사냥을 하는 등 이동 기간에 이용하는 임시 주거이다.

　이글루를 짓는 방법은, 단단하게 얼어붙은 눈을 벽돌 모양으로 잘라 차곡차곡 쌓아 벽을 만들고 그 위에 돔 모양의 지붕을 만든 다음 틈새를 눈으로 막는다. 그리고 이따금 실내의 얼음벽에 물을 뿌린다. 이렇게 하면 실내 온도가 높아진다. 물이 얼어서 열을 내보내기 때문이다. 에스키모는 흙을 네모나게 잘라 쌓아 올린 흙담집에서 주로 산다.

목숨을 내건
얼음과의 전쟁

출발, 재출발

'모터 썰매, 모터 썰매!'

아문센은 두 손으로 이마를 꾹꾹 눌렀습니다.

'영국인들의 모터 썰매가 머릿속에서 윙윙 소리를 내는 것 같아.'

자꾸만 모터 썰매가 마음에 걸렸습니다. 아문센은 마치 우리 안에 갇힌 호랑이처럼 오래전부터 밖으로 튀어 나갈 준비를 하고 있었지요.

8월 24일, 태양이 다시 모습을 드러내면 즉시 출발하기로 했습니다.

"출발 준비를 하라. 지금 출발해야 프람하임으로 돌아오는 시기를 여름이 끝나 가는 시기로 맞출 수 있다."

"네? 대장님, 기온이 계속 이렇게 낮은데 출발합니까? 그것은 무리입니다."

극지방 경험이 풍부한 요한센이 반대했습니다. 최근 몇 주일 동안 기온이 영하 50도에 머물러 있었기 때문이지요.

"썰매 일곱 대를 언제라도 출발할 수 있는 상태로 대기시켜라."

아문센은 자신의 계획을 밀어붙였습니다.

온도계의 눈금은 영하 26도를 가리켰지만 시속 40킬로미터의 바람과 함께 맹렬한 눈보라가 몰아쳤습니다. 결국 한참 동안 눈보라치는 소리에 귀를 기울이던 아문센이 명령을 거두어들였습니다.

아문센의 개 천막 아문센은 썰매를 끄는 개들을 잘 관리해 남극점에 도달하는 순간까지 함께했다.

"우리의 출발을 연기한다. 바람이 수그러들 때까지 기다렸다가 출발한다."

아무리 급해도 이런 때 출발한다는 것은 어리석은 짓이었지요.

눈보라는 차츰 잠잠해졌지만 이번에는 기온이 영하 46도로 떨어졌습니다. 모두의 눈은 날마다 온도계의 눈금에 쏠렸지요. 드디어 기온이 영하 27도까지 올라가자 아문센은 출발을 명령했습니다.

"출발!"

1911년 9월 11일 12시 10분, 대원 8명이 썰매 7대와 개 86마리를 이끌고 지구 탐험 역사상 마지막 모험에 뛰어들었습니다. 베이스캠프에는 린스트룀 한 사람만 남기로 했지요. 개들은 신이 나서 무서운 속도로 달렸습니다.

"하루 28킬로미터는 달리는군. 이 정도면 만족스럽지."

사흘째 되는 날 밤, 기온이 영하 56도까지 떨어졌습니다. 그러나 썰매는 쉬지 않고 28킬로미터를 달렸습니다. 내뿜는 입김이 순식간에 얼어붙어 대원들은 물론이고 개들에게도 고드름이 매달렸지요.

"조심, 또 조심하도록! 앞사람이 안 보일 정도니까!"

아문센은 출발이 너무 일렀다는 것을 깨달았지만 인정하고 싶지 않았습니다. 잠도 잘 수 없는 혹독한 자연 환경 속에 그들은 내동댕이쳐져 있었습니다.

"침낭이 너무 축축해요. 잠도 못 자겠어요."

"우리가 어떻게 될지는 신만이 아실 것이네. 힘을 내자고."

그들은 추위를 제대로 막아 주지 못하는 침낭 안에서 몸을 뒤척였습니다.

닷새째 되는 날, 온도계의 수은이 얼어 버렸습니다. 발가락에 동상을 입은 대원도 생겼지요.

"행군을 멈춰라! 이글루를 짓자."

두 채의 이글루가 가까스로 세워지고 대원들은 뜨거운 차로 몸을 녹였습니다.

이글루 얼음과 눈덩어리로 둥글게 만든 에스키모가 사는 집.

아문센은 저장 기지로 돌아가기로 했습니다.

"내 고집 때문에 대원들을 위험에 빠뜨릴 수는 없다. 승리를 위해서는 치밀하게 움직여야 한다. 자칫 잘못하면 지금까지 애써 쌓아 올린 것이 한순간에 무너져 버릴 수도 있어."

노르웨이 탐험대는 발길을 돌려 다시 남위 80도에 위치한 저장 기지로 돌아왔습니다. 모든 짐을 그곳에 내려놓고 거의 빈 썰매로 베이스캠프인 프람하임을 향해 달렸습니다. 영하 56도에 이르는 날씨였습니다.

'정복 팀 숫자를 줄이는 게 좋겠어. 덩치가 작아야 식량도 줄고 가볍게 달릴 수 있으니까.'

아문센은 정복 팀 대원을 8명에서 5명으로 줄였습니다.

다시 기온이 서서히 오르기 시작해 영하 20도까지 올랐습니다. 봄이 왔다는 증거가 여기저기 나타났습니다. 대원들과 개들은 이제 완전히 기운을 회복하여 재출격의 날만 기다리게 되었지요.

재출격 자기 진지나 기지에서 적을 공격하러 다시 나감을 뜻하는 말.

10월 20일, 노르웨이 탐험대가 부산스럽게 움직였습니다.

"지난번과 같은 실패를 되풀이해서는 안 된다. 이번 행군을 무사히 마친다면 남극 탐험에 종지부를 찍을 것이다. 몇 번의 실패를 통해 이런 방식으로는 목적을 이룰 수 없다는 사실을 깨달았다."

대원들의 눈이 일제히 아문센에게 쏠렸습니다.

"최소한의 인원과 장비만 움직여야 한다. 대원 다섯 명과 개 52마리만 출발에 나선다."

순간, 대원들의 얼굴에 실망의 빛이 스쳤지요.

아문센은 재빨리 말을 이어 나갔습니다.

"비오란, 비스팅, 하셀, 한센이 나와 함께 간다."

무거운 침묵이 흘렀습니다. 그 긴장을 날려 버리려는 듯 아문센이 유쾌하게 웃으며 덧붙였습니다.

"잊었나? 우린 모두 함께 남극점을 정복하는 것이다. 비록 팀은 나

뉘어도 우리는 언제나 모두 함께란 말이다. 알겠나?"

"네, 대장님!"

비로소 대원들의 얼굴에 웃음기가 돌았습니다.

출발 팀은 재빨리 썰매에 올라탔습니다. 개들은 출발 신호를 기다리고 있었지요.

"혹시 이 땅에서 죽는다고 해도 나의 조국에 축복이 있기를!"

아문센의 비장한 말에 대원 모두가 한마음으로 고개를 끄덕였습니다.

"우리에게 신의 돌보심과 행운이 있기를!"

남극점 정복에서 제외된 대원들이 베이스캠프 앞에서 힘껏 박수를 쳐 주었습니다.

"출발!"

썰매는 순식간에 프람하임을 뒤로 하고 멀리 사라졌습니다.

그런데 날씨가 다시 나빠졌습니다. 폭풍이 대원들의 몸을 으스러뜨릴 듯 달려들었고, 첫날부터 정해 둔 길을 벗어나 얼음 균열* 지대에 빠져들고 말았지요. 아문센과 비스팅이 탄 썰매는 충격으로 앞부분이 들려 금방이라도 뒤집힐 것 같았습니다.

비스팅이 다급하게 소리쳤습니다.

> 균열 거북의 등에 있는 무늬처럼 표면이 갈라져 터짐을 말함.

"대장님, 우리가 거대한 균열이 생긴 얼음 위를 건너고 있어요!"

"침착해! 전속력으로!"

전속력으로 얼음을 반쯤 건너왔을 때 바로 뒤에서 얼음 층이 무너져 내렸습니다.

"계속 달려! 단단한 얼음까지!"

운 좋게도 썰매는 균형을 잡고 내달렸습니다. 단단한 얼음 위에 안전하게 들어서자 두 사람은 안도의 한숨을 내쉬었습니다.

"정말 위험했어. 그 균열 봤지? 가벼운 짐을 싣고 달렸기 때문에 무사했던 거야."

탐험대는 썰매마다 12마리씩 모두 48마리의 알래스카 썰매개와 함께 남쪽을 향해 날마다 36킬로미터씩 달렸습니다. 얼음 균열 지대에서 벗어난 그들은 깃발로 표시해 둔 지점을 따라 안개 속에서 남위 80도 지점으로 향했습니다. 출발한 지 나흘째 되던 10월 24일, 그들은 남위 80도 지점에 도착했습니다. 여기서부터 본격적인 모험이 시작되는 것이었지요.

노르웨이 탐험대의 보급품 저장 기지는 스콧의 에번스 곶에 위치한 베이스캠프보다 270킬로미터나 극점에 더 가까이 있었습니다. 행군을 시작하기도 전에 이미 스콧은 아문센에게 4, 5일 정도 뒤처진 셈이었지요.

남극점으로 진격

아문센이 남위 80도 지점에 도착한 그날, 영국 탐험대는 비로소 남극점을 향해 행군을 시작했습니다.

"테디 에번스가 선발대를 지휘한다."

스콧의 지시에 따라 무거운 짐을 잔뜩 실은 모터 썰매 두 대가 얼음 지대를 헤치고 나아갔습니다.

"나는 1주일 후 조랑말과 썰매를 이끌고 뒤따르겠다."

스콧은 아문센 대장이 이끄는 노르웨이 탐험대를 경계했습니다. 대원들 앞에서는 이 사실을 드러내지 않았지만, 아내인 캐서린에게 보낸 편지에서는 자신의 두려움을 털어놓았지요.

그리운 캐서린, 솔직히 나는 노르웨이 인들이 두렵소. 그들은 개를 몰고 빠른 속도로 전진하고 있소. 어쩌면 그들은 우리보다 일찍 출발했을 수도 있을 것이오. 그러나 나는 그들의 존재를 신경 쓰지 않기로 했소. 우리는 경주를 하기 위해서 온 것이 아니니까.

아문센이 이미 남극점 정복을 위해 출발했다는 사실을 스콧은 모르고 있었습니다. 스콧은 영국 해군의 빛나는 투지만이 남극점 정복을 이룰 거라고 믿었지요.

그러나 에번스 곶에 있던 다른 대원들은 스콧의 생각에 따르지 않았습니다.

'우리보다 노르웨이 탐험대가 남극점에 먼저 도달할 거야. 그렇지만 적절한 운송 수단을 사용한다면 남극점 도달은 그렇게 어려운 일이 아닐 텐데. 우리는 온갖 잡동사니를 끌고 가고 있으니.'

에번스의 선발대가 길을 나서자 상황은 급격히 나빠졌습니다. 조랑말들이 남위 83도 30분에 이르자마자 쓰러져 버렸거든요. 이제 썰매 10대를 사람이 끌게 되었지요. 눈보라 속에서 엄청난 체력이 소모되는 강행군이 이어졌습니다.

며칠 뒤에 선발대의 뒤를 따라 스콧이 이끄는 탐험대가 에번스 곶을 출발했습니다. 스콧은 꽁꽁 언 바다를 가로질러 전속력으로 내달렸지요.

닷새 후, 스콧 일행은 남쪽으로 꺾이는 급커브 지점 바로 뒤에서 고장 난 채 널브러져 있는 모터 썰매를 발견했습니다.

"맙소사!"

"기계의 도움을 받기는 틀렸군."

대원들의 기대는 물거품이 되었습니다. 선발대인 에번스 일행은 고장 난 모터 썰매를 버린 채 짐을 챙겨서 떠났습니다. 모터 썰매를 개발하기 위해 엄청난 돈을 쏟아 부었지만 정작 고장에 대비하지 않앉던 것입니다.

"고쳐서 쓸 수도 없으니 어쩔 수 없지."

치밀하게 대처하지 못한 것은 그것뿐만이 아니었습니다. 추위에 대비하지 못한 것도 큰 실수였지요.

'어유, 정말 해군용 방수 재킷만으로 남극에서 견딜 수 있다고 생각했을까?'

소리 내어 불평하지는 못했지만 여기저기서 불만이 터졌습니다. 폭풍이 불 때면 천막 안의 맨 바닥에서 오들오들 떨어야 했습니다. 스콧이 남극 대륙에서 좋은 결과를 얻기는 처음부터 불가능했지요.

두 번째 식량 저장 기지에 이르자, 스콧은 탐험 계획에 큰 차질이 빚어진 것을 인정하지 않을 수 없었습니다. 대원들의 도착 시각이 너무나 달랐기 때문이지요. 선발대는 후발대를 언제까지 기다려야 할지 알 수 없었습니다. 게다가 눈을 뜨기조차 어려운 눈보라가 빙상 위로 불어 닥쳤습니다. 대원들은 천막 속에서 날씨가 나아지기를 기다렸지요.

그 눈보라 속에서 가장 잘 달린 것은 개들이었습니다.

'이런 악조건 속에서도 개가 이렇게 잘 달리다니! 고장 난 모터 썰매와 골칫덩이 조랑말에 비하면 얼마나 훌륭한가!'

며칠 뒤에 스콧은 선발대와 합류했습니다. 마음은 남극점에 거의

다 왔는데 발걸음은 한없이 더딘 것 같아 스콧의 마음은 답답하기만 했습니다.

마음 아픈 희생

탕!

조용한 눈밭에 요란한 총소리가 울려 퍼졌습니다. 아문센은 기겁을 하며 두 손으로 귀를 막았지요. 총소리는 계속해서 이어질 텐데, 가만히 앉아서 듣고 있을 수가 없었습니다.

'지금까지 기대 이상으로 잘해 줬는데…….'

아문센은 주먹을 불끈 쥐었습니다.

'어쩔 수 없는 일이야. 목표를 이루기 위해서는 희생이 필요해.'

탕! 탕 탕 탕……!

계속해서 총소리가 들렸습니다. 그날 27마리의 썰매개들이 죽었습니다. 죽은 개들은 나머지 개들과 대원들의 양식이 되어 주었지요.

"자, 먹자. 신선한 고기를 먹으면 괴혈병에 걸릴 위험이 크게 줄어들지!"

그러나 아무도 대답하지 않았습니다.

"어서들 들자니까! 어서!"

아문센이 포크를 집어 들었습니다. 마지못해 포크를 드는 대원들의 눈가가 촉촉했습니다.

다음 날부터 다시 강행군이 이어졌습니다. 매일 25~35킬로미터씩 행군했는데, 그러기 위해서는 5~6시간 정도 스키를 타야 했지요.

"어떤 조건이든 매일 위도의 4분의 1씩, 그러니까 나흘에 위도 1도씩 전진한다."

대원들은 그날그날의 목표에 도달했습니다.

"힘이 들면 나는 마음속으로 남극점을 그려 봅니다."

하셀의 말에 비오란이 맞장구를 쳤습니다.

"맞아, 남극점을 마음에 그리면 고통이 사라지지."

아문센은 위도 1도를 통과할 때마다 저장 기지를 하나씩 설치했습니다.

11월 7일, 디스커버리호 탐험대가 기록한 최남단 지점인 남위 82도 17분을 지났습니다. 눈앞에 엄청나게 넓은 지역이 펼쳐졌지요.

"우아! 대장님, 이런 미지의 땅이 있으리라고 누가 상상이나 하겠어요?"

그곳은 길이만 해도 약 90킬로미터나 되었습니다. 이제 그곳을 전진해야 했습니다.

"좋아! 마음껏 달려 보자고!"

그들은 끝없이 펼쳐진 평평한 눈밭을 미끄러져 나갔습니다.

"이런 지역이 오래 계속되었으면 좋겠어요."

"그러면 좋지."

"이런 좋은 조건에서는 행군 거리를 좀 더 늘리는 게 좋겠어요."

대원들의 말에 아문센도 찬성했습니다.

그들은 하루 목표 거리를 거뜬히 채울 수 있었지요. 휴식 시간이 점점 늘어났고, 지친 개들도 없었으며 건강 상태도 좋았습니다.

그러나 11월 11일이 되자 지평선의 윤곽이 변했습니다. 산꼭대기와 절벽들이 겹겹이 겹쳐져 나타난 것입니다.

"어떻게 지구상에 이런 곳이 존재할까요?"

대원들은 할 말을 잃었습니다. 거칠고 깊게 파인 땅이 저 멀리까지 놓여 있었지요.

아문센은 가슴이 벅차올랐습니다.

'이제껏 그 누구도 저 땅을 본 적도, 발을 들여놓은 적도 없다.'

대원들 또한 끝없이 펼쳐지고 이어지는 미개척지 앞에서 가슴이 뭉클했습니다.

나흘 뒤, 아문센 일행은 로스 빙상에서 남극 대륙으로 넘어가는 지점을 통과했습니다. 그들 앞에는 최고 고도가 4,000미터, 총 길이가 3,600미터나 되는 길고 긴 눈과 얼음의 산악 지대가 펼쳐졌습니다.

아문센은 그 산악 지대에 '퀸 모드 산맥'이라는 이름을 붙였습니다. 이 산악 지대는 아데어 곶에서 펜사콜라 산맥으로 이어져 있어, 남극 대륙에 있는 거대한 얼음들이 바다로 흘러드는 것을 막아 주고 있지요.

11월 18일, 드디어 산악 지대를 오르기 시작했습니다. 쉴 새 없이 오르내리는 일이 끝없이 반복되었지요. 잘 훈련된 노르웨이 탐험대로서도 감당하기 어려울 정도였습니다.

"오르막이다! 개들을 모두 썰매 한 대에 묶어라!"

좁은 고갯길을 지나고 또 지나서, 수없이 많은 작은 빙하들을 건너 산맥 깊숙이 들어갔을 때, 엄청난 새 장애물이 대원들의 앞을 가로막았습니다.

"으악! 동에서 서로 이어진 거대한 빙하예요!"

"우리의 진행 방향 쪽으로 비스듬히 걸쳐져 있으니 피해 갈 수도 없습니다."

대원들의 입에서 한숨 소리가 흘러나왔습니다.

"빙하의 깎아지른 절벽이 너무 끔찍합니다."

아문센은 뜻밖의 상황에 한순간 갈피를 잡을 수가 없었습니다.

'이 얼음 덩어리와 무시무시한 낭떠러지 사이사이의 깊은 틈새를 무사히 헤쳐 나갈 수 있을까?'

이 빙하는 남극 고원에서 아래쪽 빙상까지 이어진 길이가 14킬로미터 정도로 엄청나게 컸습니다.

"수많은 낭떠러지에, 크레바스, 거대한 얼음 덩어리가 사방에 흩어져 있어요."

> **크레바스** 빙하가 움직일 때 빙하의 표면이 갈라져서 생긴 깊은 균열.

"이 세상 어디에도 이보다 더 험한 자연은 없을 겁니다."

멈칫하긴 했지만 아무도 되돌아가자는 말은 하지 않았습니다. 갈 길이 험난할수록 그들의 투지는 불타올랐지요.

다행히 날씨가 노르웨이 탐험대를 도와주었습니다. 그들은 나흘 만에 악셀 하이베르크 빙하를 건너 3,340미터의 산을 정복하고 앞으로 내달릴 수 있었습니다.

불운을 딛고 앞으로, 앞으로

11월 21일, 영국 탐험대는 남극점에서 약 945킬로미터 떨어진 빙상 위에 있었습니다.

스콧은 눈과 얼음으로 덮인 황무지를 헤치고 남극점에 접근한 거리를 측정했습니다. 1.6킬로미터를 행군할 때마다, 그리고 한 걸음을 내디딜 때마다 대원들의 상태는 말이 아니었습니다. 행군 막바지에 이르자 고통을 호소하는 대원들이 늘어났지요.

"발에 상처가 났는데 장화가 너무 꼭 끼여 말할 수 없이 아파요."

"난 발가락이 동상에 걸렸어요!"

차가운 황무지에서 야영지까지 남은 마지막 1.6킬로미터는 고통스럽기 그지없었습니다.

'내가 왜 여기서 이런 고생을 하고 있지? 무엇을 위해서? 영국이 여기서 찾고자 하는 게 도대체 뭐지?'

극심한 고통 속에서 목적을 잊어버리기도 했지요.

12월 1일, 스콧은 남위 82도 47분에 있는 스물여섯 번째 식량 저장 기지에 도착했습니다. 조랑말 8마리와 처음에 데리고 온 개들 대부분이 남아 있었지요. 연료가 바닥 난 모터 썰매는 버리고 올 수밖에 없었습니다. 대원들은 지쳐 있었지만 끝까지 견뎌 내려는 의지만은 출발할 때와 마찬가지였습니다.

태양은 수평선 위에 늘 떠 있었지만 종종 짙은 안개에 가려 기온은 영하 20도를 오르내렸습니다.

'그래도 남극점에만 도달할 수 있다면……!'

그 생각만으로도 대원들은 희망에 넘쳤습니다. 눈보라에 마구 요동치는 천막 안에서 지새우는 추운 밤, 씹을 수도 없이 꽁꽁 언 고드름 같은 음식, 동상에 걸려 썩어 가는 손과 발, 갑자기 퍼붓는 폭설

등도 다 잊을 수 있었지요.

'앞으로, 또 앞으로 나아가야 해!'

초조한 마음에 대원들의 수면 시간은 갈수록 짧아졌습니다.

12월 들어 영국 탐험대는 눈보라 때문에 비어드모어 빙하 기슭에서 며칠 동안이나 전진을 하지 못했습니다.

스콧은 자연이 원망스러웠지요.

'우리는 너무 운이 없다. 하기야 운이 좋은들 무슨 소용이 있겠는가! 누가 이런 상황을 예견했겠는가. 혹시 예견했다 한들 무슨 방법이 있단 말인가. 정말 운이 없어도 너무 없구나.'

12월 9일, 다행스럽게도 기온이 올라가고 바람이 잔잔해졌습니다.

새벽에 스콧이 가장 먼저 눈을 떴습니다. 기온은 영상 15도까지 올라가 있었지요.

"날씨가 좋다. 오늘은 강행군을 해도 되겠다."

얼음과 눈으로 덮인 황무지에 고독하게 서 있는 스콧

하지만 윌슨이 고개를 저었습니다.

"갑자기 기온이 오르는 건 좋은 징조가 아닙니다. 폭풍에 대비해야 합니다."

윌슨의 예상은 맞아떨어졌습니다. 폭풍의 조짐이 사방에서 나타나기 시작했지요.

"대장님, 어떻게 할까요?"

대원들이 스콧 주변으로 모여들자 그는 우울한 표정으로 지시를 내렸습니다.

"천막을 세워라. 폭풍이 지나갈 때까지 기다리자."

스콧은 이런 행군 속도로 언제쯤 남극점에 도달할 수 있을지, 과연 남극점을 밟을 수나 있을지 걱정했습니다. 그리고 자연 앞에 무너지는 자신의 통솔력에 한없이 씁쓸했습니다.

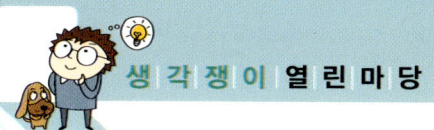

세계 탐험에 앞장선 영국 왕립 지리학회

스콧은 영국 왕립 지리학회 회장이던 마컴의 권유로 남극점 정복에 나섰다. 스콧뿐만 아니라 여러 탐험가들과 인연이 깊은 영국 왕립 지리학회는 어떤 단체일까?

영국 왕립 지리학회는 1830년에 런던에서 설립된 단체로 설립 당시에는 런던 지리학회였는데, 윌리엄 4세(재위 1830~1837)의 후원을 받으며 점차 왕립 지리학회라는 명칭으로 불리게 되었고, 1859년에 빅토리아 여왕(재위 1837~1901)에게 공식 허가장을 받아 지금의 명칭으로 굳어졌다.

나라와 나라 간의 무역이 발달하고 먼 바다로까지 항해를 하게 된 15세기부터 유럽에서는 새로 발견되는 지역을 지도로 나타내기 위해 지리학에 대한 관심이 높아졌다.

19세기에 와서는 서유럽 여러 나라들이 식민지를 넓히려는 야망을 품고 앞 다투어 아프리카 등지에 대한 탐사에 나서면서 수많은 지리학회들이 결성되어 1885년에는 무려 100여 개에 이르렀다.

　각 나라마다 설립된 이들 지리학회들은 국가의 지원을 받으며 탐험대를 조직하거나 후원하고, 탐험으로 얻은 자료를 지도로 만들고 책으로 펴냈다. 이 같은 지리학의 발달에는 학문적인 목적보다도 식민지 개발이라는 정치적인 목적이 더 크게 자리하고 있었다.

　영국의 지리학회는 여러 탐험대를 직접 조직하거나 후원했다. 1795년에 파크가 아프리카의 니제르 강을 탐험했고, 1821년에는 데넘과 클래퍼턴 등이 아프리카 한가운데 자리한 차드 호 기슭에 이르렀다.

　또한 《아라비안나이트》의 번역자이자 탕가니카 호의 발견자로 이름난 버턴, 선교사이자 탐험가인 리빙스턴, 나일 강을 탐험한 스탠리 등의 아프리카 탐험을 지원했다. 또한 헤이워드의 중앙아시아 탐험과 프랭클린의 북극 탐험, 《종의 기원》으로 유명한 생물학자 찰스 다윈의 해양 탐사 등도 지원했다. 20세기에는 스콧과 섀클턴의 남극 탐험, 힐러리 경의 에베레스트 등정 등을 지원했다.

　영국 왕립 지리학회는 지금도 세계에서 가장 활발히 활동하고 있는 지리학회 가운데 하나이다.

멈춰, 여기다!

부디 그곳에 아무도 없기를

아문센은 12월 4일에 남위 87도를 통과했습니다.

'폭풍과 눈보라를 뚫고 나아가면서 우리는 자신과의 처절한 싸움을 벌였다. 그리고 결국 우리가 이겼다.'

아문센은 자신감을 얻었습니다. 눈앞에는 눈부시게 빛나는 땅이 펼쳐져 있었지요.

"대장님, 여기 전망은 정말 훌륭하네요."

"남극점까지의 길이 장애물 없이 확 트여 있어요."

"아, 어서 빨리 그곳에 도착했으면 좋겠어요!"

대원들은 설레는 마음을 가라앉힐 수 없었습니다.

12월 8일, 아문센은 극점에서 171킬로미터 떨어진 지점에 마지막 저장 기지를 설치했습니다. 그리고 그 기지에 이르는 5킬로미터의 구간을 특별히 세심하게 표시해 두었지요. 그는 저장 기지로 향하는 방향을 표시하기 위해 스키로 100걸음을 전진할 때마다 검은색 널빤지를 눈 속에 묻었습니다.

 12월 9일, 마지막 행군을 나서는 대원들은 몹시 긴장했습니다. 기온은 영하 28도. 불어오는 차가운 바람에 얼굴 피부가 갈라 터질 지경이었지만 스키는 가볍게 잘 미끄러져 나갔지요.

 잠시 쉬는 동안 아문센이 웃음을 터뜨렸습니다.

 "세상에! 자네들 꼴 좀 보게. 끔찍하구먼."

 "마찬가지입니다, 대장님!"

 그러자 한센이 비스팅을 가리키며 말했지요.

 "저 얼굴 좀 보세요. 정말 미남이지요?"

 "왜 그래? 며칠 전 폭풍 때 다친 상처에 염증이 생겨서 그래."

 "온통 딱지투성이라고."

 한바탕 웃고 나서 아문센은 대원들에게 다시 한 번 주의를 주었습니다.

 "썰매를 잘 살펴야 해. 굶주린 터라 개들이 갑자기 사납게 변할지도 모르니까."

위험은 여기저기 너무나 많았습니다.

12월 10일 아침, 그들은 목적지에서 81킬로미터 떨어진 지점에 도달했습니다. 극점에 가까워질수록 대원들의 마음은 더 바빠졌지요.

'우리가 먼저 도달하지 못하면 어쩌지……'

12월 12일, 하셀이 소리쳤습니다.

"저 뒤에 검은 물체가 보입니까? 혹시 스콧 아닐까요?"

그러나 그것은 얼음 위에 나타난 신기루였습니다.

12월 13일, 노르웨이 탐험대는 남위 89도 45분 지점에서 야영을 했습니다. 프람하임 기지를 떠난 지 56일째 되는 날이었지요. 남극점까지는 아직 27킬로미터가 남아 있었습니다.

신기루 빛의 굴절 현상에 의해 공중이나 땅 위에 무엇이 있는 것처럼 보이는 현상.

이제 대원들은 떨리는 마음을 억누르기 힘들었습니다.

"드디어 남극점을 바라볼 수 있는 지점까지 왔어요."

"제발 남극점에 아무도 다녀간 흔적이 없어야 할 텐데……."

1911년 12월 14일 금요일, 노르웨이 탐험대는 빠른 속도로 12.6킬로미터를 행군했습니다. 얼마 뒤 썰매를 멈추고 대장이 앞서기를 기다렸습니다. 다섯 사람은 긴장한 나머지 숨을 몰아쉬었지요. 침묵 속에 전진이 이어졌고 대원들 사이에는 긴장감이 감돌았습니다.

오후 3시.

"멈춰!"

이 소리가 거의 동시에 터져 나왔습니다. 관측기 바늘이 90도에 정확히 멎어 있었습니다. 인간으로서는 최초로 아문센이 남극점에 첫발을 디딘 것입니다.

관측기 천체나 기상 따위를 관측하는 데 쓰는 기구. 망원경, 쌍안경 따위가 있음.

"우리 다 함께 국기를 꽂자. 함께 남극점을 정복했으니까. 조국과 인류의 영광을 위하여!"

다섯 개의 손이 깃대를 움켜쥐고 노르웨이의 국기를 남극점에 꽂자 아문센이 감격 어린 목소리로 외쳤습니다.

"소중한 국기여, 우리는 이 평야에 '킹호콘 7세 고원'이라는 이름을 붙인다."

대원들은 서로를 얼싸안고 감격의 기쁨을 나누었습니다.

"대장님, 너무 감격스럽습니다!"

"더 이상 살을 에는 듯한 바람 속에서 나침반과 씨름하지 않아도 됩니다!"

"더 이상 바람을 맞으며 달리는 일도 없고요!"

아문센도 빙그레 미소를 지었습니다.

"맞아! 이제 바람은 우리의 뒤쪽에서 불어올 테니까!"

노르웨이 탐험대는 남극점에서 3일하고도 5시간을 머물렀습니다. 그들은 자신들이 서 있는 지점의 지리적인 위치를 정확하게 측정했습

남극점에 노르웨이 국기를 꽂은 아문센 남극 정복의 경쟁에서 승리한 아문센이 감격의 순간을 맞고 있다.

니다. 그런 다음 천막을 치고 그 꼭대기에 노르웨이 국기와 프람호의 깃발을 꽂았지요.

'나는 어릴 때부터 북극점을 꿈꿔 왔는데 여기 남극점에 서 있구나!'

자신이 평생의 목표로 삼았던 북극점은 미국의 피어리에게 빼앗기고, 다른 목표를 정복한 것입니다.

아문센은 남극점을 떠나면서 천막 안에 몇 가지 장비와 편지 두 통을 놓아 두었습니다. 한 통은 노르웨이 국왕에게, 한 통은 스콧에게 보내는 편지였지요.

대원 세 명을 돌려보내다

서른여섯 번째 식량 저장 기지를 세운 뒤, 스콧은 지칠 대로 지쳐 얼음 위에 주저앉았습니다. 입술은 말라붙었고 지독한 눈병까지 생겼지요.

'몸이 말을 안 듣는구나.'

스콧은 자신의 몸 상태가 심상치 않음을 느꼈지만 지금은 앓아누울 여유가 없었습니다. 그러나 눈을 감으면 눈앞이 **빨갛게** 보였습니다. 하얀 눈에 반사된 햇빛이 눈에 너무 자극적이었기 때문입니다.

"대장님, 눈을 소독해 보면 어떨까요?"

"아니, 잠깐 쉬면 되네."

남달리 강한 책임감이 스콧의 회복을 **빠르게 했습니다**. 강인한 정신 덕분이었지요.

스콧의 머릿속에는 여러 가지 생각들이 떠돌았습니다.

'어쩌면 무거운 짐은 두고 왔어야 했는지도 몰라. 나는 쓰러지면 안 돼. 탐험의 성공과 실패가, 우리 대원들의 목숨이 내 손에 달려 있어.'

스콧은 최선의 길을 찾으려고 노력했습니다. 그는 늘 혼자 생각하고 혼자 결정했습니다. 그리고 고집스럽게 앞으로 나아갈 것만을 요구했지요. 그의 목표는 오로지 남극점이었습니다. 그 어떤 장애물도 그를 막을 수 없었지요. 그것이 설령 죽음일지라도…….

이제 스콧은 모든 것을 견뎌 낼 준비가 되어 있었습니다.

12월 25일, 크리스마스에도 탐험대는 행군에 행군을 거듭했습니다.

"어때? 오늘은 크리스마스니까 24킬로미터를 행군하도록 하지. 다른 의견 있나?"

"없습니다!"

스콧은 대원들을 격려하며 매일 23~25킬로미터씩 전진했습니다. 그들은 임무를 완수하기 위해 죽을힘을 다했지요.

1912년 1월 3일, 스콧은 또 하나의 어려운 결정을 내려야 했습니다. 목표 지점을 270킬로미터 남기고 대원 세 명을 돌려보내야 했으니까요. 테디 에번스, 레슐리, 크린이었습니다.

"잠깐 주목하게. 할 말이 있다."

스콧의 말에 에번스가 침낭에서 기어 나왔습니다.

"좋지 않은 소식인가요?"

레슐리가 걱정스러운 표정으로 스콧을 바라보았습니다.

"왠지 대장님이 우리 중에 몇 명을 돌려보내려고 한다는 생각이 듭니다."

테디 에번스의 말에 스콧이 조용히 고개를 끄덕였지요.

"왜요? 왜?"

크린은 깜짝 놀라며 찻잔을 바닥에 내려놓았습니다. 실망이 가득한 표정이었지요.

스콧은 담담하게 말했습니다.

"우리의 노력만큼 결과가 좋지 않기 때문이야. 덩치를 줄여야 해. 힘들지만 누군가는 돌아가야 해."

아무도 반발하지 않았습니다. 그러나 대원들은 표정이 굳어졌습니다.

"좀 더 빠르게 앞으로 나가야 하네. 이미 너무 늦었어. 더 늦어지면 돌아가지도 못해."

스콧은 자신의 주장을 굽히지 않았습니다. 나이 많은 크린의 눈에 물기가 고였습니다.

대원들은 한동안 말없이 있다가 하나하나 차가운 침낭 속으로 다시 기어 들어갔습니다.

스콧 역시 굳은 표정으로 침낭에 들어갔지만 잠을 이룰 수 없었습니다. 그러나 스콧은 그들에게 귀환 명령을 내림으로써 오히려 그들의 생명을 구하는 결과가 되었지요.

귀환 다른 곳으로 떠나 있던 사람이 본래 있던 곳으로 돌아오거나 돌아감.

'돌아가는 이들이 문제가 있어서가 아니라는 것을 이해해 주면 좋을 텐데. 누군가는 돌아가야 하기 때문이지. 여기까지 와서 되돌아선다는 것이 쉽지 않지만 방법이 없다. 두 배 더 빨리 달릴 수 있는 방법을 택할 수밖에 없어.'

1월 4일, 귀환하기로 결정된 대원들은 남극점으로 돌진하는 대원들이 쓴 편지를 가지고 에번스 곳으로 돌아갔습니다. 편지에는 이렇게 쓰여 있었지요.

친구들이여, 상황이 예상했던 것과는 많이 다르오. 하지만 희망을 갖고 언젠가 우리에게 올 행운의 여신을 기다립시다.

가슴 아픈 패배

"대장님, 부디 행운을 빕니다."

세 명의 대원이 아쉬움을 안은 채 돌아간 뒤, 스콧과 네 대원은 끝없이 계속되는 황무지를 가로질러 갔습니다. 한 시간, 한 시간, 썰매를 끌고 전진하는 행군은 숨이 막히도록 고통스러웠지요.

'후유, 가도 가도 지평선은 여전히 저 멀리 있군.'

대원들은 썰매 고삐만 바짝 당겨 쥐고 매일 18킬로미터 이상을 행군해 나갔습니다. 그러나 바람에 깎여 얼음처럼 단단해진 지대를 횡단할 때에는 멈칫할 수밖에 없었습니다.

"오히려 스키가 걸림돌이 되는군. 지금부터는 스키 없이 행군하도록 하겠네."

야영지에 스키를 남겨 두고 썰매를 끌었지만 속도가 너무 느렸습

니다. 그러자 스콧이 다시 명령을 내렸습니다.

"안 되겠다. 다시 스키를 타야겠어."

그들은 되돌아가서 스키를 가져오느라 하루 동안에 16킬로미터밖에 행군하지 못했습니다.

이러저런 이유로 자꾸 늦어지자 스콧은 초조했습니다.

'혹시 빙상에서 고원으로 오르는 다른 길이 있는 게 아닐까? 만약 아문센이 남극점에서 나를 기다리고 있다면……?'

연료가 충분하지 않아 연료를 아껴 써야 했습니다. 갈증이 나도 눈을 녹여서 먹지 못하고 손으로 퍼서 그냥 삼켜야 했지요. 수분이 부족해지면서 육체적·정신적으로 불안정한 상태가 나타났습니다. 에드거 에번스는 며칠 전부터 넋이 빠진 모습으로 썰매를 끌었습니다. 손은 심하게 곪아 있었지요.

눈에 띄게 체력이 떨어진 대원들이 드디어 불평을 쏟아 내기 시작했습니다.

"왜 이렇게 춥담! 정말 짜증이 나서 못 견디겠군."

이런 짜증은 영양소를 제대로 섭취하지 못해서 발생하는 우울증 증세 중의 하나였습니다.

남극점 가까이 다가갈수록 대원들은 자신을 잃어 갔습니다.

"우리가 도착했을 때 혹시 그곳에 노르웨이 국기가 꽂혀 있다면 기분이 어떨까?"

주저없이 오츠의 입에서 비명이 터져 나왔습니다.

"오, 안 돼!'

그런 일이 없기를 간절히 바라며 그들은 길을 재촉했습니다.

"어? 저기 지평선에 흐릿하게 보이는 반점이 뭐지?"

바우어스 중위가 뭔가를 발견하고 소리쳤습니다.

대원들은 앞으로 내달았습니다.

스콧은 열심히 망원경을 조절했습니다. 맙소사! 노르웨이 국기가 나부끼고 있었습니다. 그리고 주위에는 수많은 개들의 발자국과 썰매 자국이 길게 남아 있었지요.

놀란 스콧은 그 자리에서 움직이질 못했습니다.

"누가 벌써 여기 왔었어. 아문센이야. 노르웨이 탐험대가 우리보다 먼저 지나갔어!"

넋이 나간 듯 멍하니 서 있는 스콧에게 에번스가 말했습니다.

"대장님, 계속 가야 합니다. 여기는 진짜 남극점이 아니잖아요."

오츠의 말에 스콧은 말없이 손을 내저었습니다.

잠시 후, 스콧은 대원들과 함께 야영지로 후퇴했습니다.

윌슨은 패배감에 젖어 있는 대원들을 위로했습니다.

"아문센은 오로지 경주에서 승리를 거뒀을 뿐이야. 우리는 우리의

계획을 정확하게 완수하면 돼."

그러나 그날 밤 잠을 이룬 사람은 아무도 없었습니다.

다음 날인 1912년 1월 17일 아침 7시 30분, 스콧 일행은 출발할 준비를 마쳤습니다. 이제는 선명히 남아 있는 노르웨이 탐험대의 흔적만 따라가면 되었지요. 구름이 잔뜩 낀 날씨에 바람이 매섭게 불었습니다.

"대장님, 남위 89도 53분 37초입니다. 거의 다 왔어요. 이제 10킬로미터만 가면 됩니다."

관측을 끝낸 바우어스가 말했습니다.

마침내 오후 6시 30분쯤, 대원들은 노르웨이 탐험대보다 34일 늦게 남극점에 도착했습니다. 스콧은 겉으로는 태연했습니다. 그러나 마음속은 세차게 요동치고 있었지요.

'오, 남극점, 남극점이다! 하지만 정말 끔찍한 날이다. 작업을 하는 우리의 손과 발은 꽁꽁 얼어붙었다. 신이시여! 이곳은 소름 끼치는 곳입니다. 그토록 엄청난 고통을 겪고도 남극점에 우뚝 서지 못하다니요! 바람이 뼛속까지 파고든다. 그래, 우리가 이곳에 도착했다는 것만으로도 의미가 있다. 이제는 돌아가는 일이 문제다.'

스콧은 노르웨이 탐험대가 두고 간 천막으로 다가갔

습니다. 막대기 하나를 중심에 세워 만든 천막 안을 들여다보았습니다. 이름들이 쓰인 종이쪽지가 한 장 있었지요.

남극점-1911년 12월 14일 15시. 로알 아문센, 올라브 비오란, 힐머 한센, 스베르 H. 하셀, 오스카 비스팅.

천막 안에는 순록 털로 만든 침낭 세 개와 장갑과 장화 등이 있었습니다.
"여기 편지도 있네요!"
아문센이 남긴 두 통의 편지 가운데 하나는 스콧에게 쓴 것이었습니다.

친애하는 로버트 팰컨 스콧 대장님!
아마도 대장님이 우리 다음으로 이곳에 도착하는 최초의 인간이 될 것이기 때문에, 이 편지를 국왕 호콘 7세에게 전달해 주십사 정중히 부탁드립니다. 혹시 천막에 두고 온 것 가운데 도움이 될 만한 것이 있다면 사용하십시오. 건강하게 귀환하십시오.
로알 아문센.

쪽지를 읽는 스콧의 손이 가늘게 떨렸습니다.

'내가 나와의 대결에서 이긴 사람의 소식을 전해야 하다니!'

자신이 초라하게 느껴졌지만 해야 할 일이 있었습니다. 스콧은 쪽지를 외투 주머니에 넣고, 대원들이 사진을 몇 장 찍는 동안 이곳에 왔다는 글을 천막 안에 남기고 문을 닫았습니다.

우리는 피라미드를 쌓아올린 다음 거기에 우리의 가여운 대영 제국의 국기를 꽂은 후 사진을 찍었다.

그날의 일기에 스콧은 이렇게 썼습니다.

이 방향으로 1,200미터 떨어진 곳에 국기를 꽂으면 정확히 남극점에 꽂는 거야.

대원들이 주고받는 말도 스콧의 귀에는 들리지 않았습니다. 그의 머릿속은 온통 아문센의 성공뿐이었으니까요.

"우리보다 34일 앞서 왔군. 이제 서둘러 돌아가야 한다."

자꾸 무너지려는 마음을 다잡으며 스콧은 강한 어조로 대원들에게 말했습니다.

"앞으로 우리는 먼 길을 돌아가야 한다. 1,280킬로미터나 되는 길이다. 늑장 부릴 여유가 없다."

"알겠습니다, 대장님!"

대원들은 썰매에 올랐습니다. 처음 3주일 동안은 노르웨이 탐험대의 자취를 따라 날마다 16킬로미터씩 달렸습니다.

하지만 얼음과 눈이 녹기 시작하자 흔적을 찾기가 어려워졌지요. 더구나 먹구름과 칼바람이 그들을 에워쌌고 기온은 영하 30도 아래로 떨어졌습니다.

"지옥이 따로 없네요."

"천막을 못 치겠어요. 손가락이 꽁꽁 얼어붙었어요. 감각이 전혀 없어요."

스콧의 귀에는 누군가 중얼거리는 소리조차 비명으로 들렸습니다.

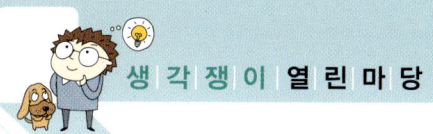

탐험가들을
괴롭혔던 동상

극지 탐험가들이나 산악인들이 두려워하는 동상에 대해 살펴보자.

동상은 극도로 추운 날씨 때문에 피부 조직 안에 있는 수분이 얼어 세포막이 파괴되어 조직이 손상을 입는 현상이다. 피부에는 외부 기온에 맞추어 체온을 조절하는 기능이 있으나, 기온이 영하 15도 이하로 내려가면 그 조절 기능을 상실하기 쉽다.

동상이 잘 걸리는 신체 부위는 열을 빼앗기기 쉬운 손가락, 발가락, 손, 발등, 코 끝, 귀 끝, 뺨 등으로 구두나 장갑이 꼭 끼여 압박을 받아 피가 잘 통하지 않거나, 양말이나 장갑이 축축할 때도 많이 걸린다.

원인으로는 첫째, 온도(추위), 습도(젖은 피부), 바람의 고도, 노출된 시간 등 외적인 요인을 들 수 있다. 피부가 냉기와 습기에 노출되면 체온을 유지하기 위해 혈관이 수축됨으로써 동상에 걸린다.

두 번째로 내적인 요인을 들 수 있다. 지나치게 피로할 때, 배가 몹시 고프거나 영양 불량 상태일 때도 동상에 걸리기 쉽다.

즉, 낮은 기온이 동상을 일으키는 직접적인 원인이 되고, 바람과 습도의 영향, 옷이 얇거나 모자·신발·양말 등이 너무 꼭 끼거나, 장시간 몸을 움직이지 않는 자세, 과도한 피로, 굶주림과 영양 불량 등이 있을 때 혈액 순환이 원활하지 못해 동상이 생기게 된다.

셋째, 체온이 떨어질 수 있는 조건을 들 수 있다. 체온이 떨어지면 동상에

더욱 쉽게 걸린다. 예컨대 몸에 물이 묻어 있으면 물의 증발에 따라 열을 빼앗겨 체온이 낮아져 동상이 잘 생긴다. 그러므로 몸을 많이 움직이면 몸에서 열이 발생하여 체온이 증가하므로 동상을 막아 주게 된다.

동상에 걸리면 처음에는 피부에 붉은 반점이 생기는데, 더 심해지면 물집이 생기며, 궤양(피부 또는 점막에 상처가 생기고 헐어서 출혈하기 쉬운 상태)이 일어나고, 나중에는 살이 썩게 된다.

동상을 막으려면 직접 추위에 노출되지 않도록 신체 표면의 보호·보온에 주의한다. 의복은 보온성이 좋은 순모 제품이 좋으며, 신발은 발에 조금 큰 것으로, 물이 새어들지 않는 것을 선택한다.

동상에 걸리기 쉬운 부위는 동물성 기름이나 연고 등을 발라 잘 문질러 주거나 움직여서 혈액 순환을 좋게 해 준다. 또한 피로하거나 영양 부족, 술에 취해 보온을 소홀히 하였을 경우 등에는 동상에 걸릴 위험이 크므로 주의해야 한다. 따뜻한 음료를 마시는 것도 좋다.

두 도전자의
엇갈린 운명

철저한 준비가 가져다 준 행운

 이 무렵, 아문센 일행은 아직도 감격이 식지 않은 설레는 마음으로 베이스캠프로 돌아가고 있었습니다. 11마리의 개가 끄는 썰매 두 대를 타고 평균 40킬로미터의 속도로 달려 로스 빙상을 통과했지요.
 '칼날같이 매서운 바람도 기분 좋게 느껴지는구나!'
 아문센은 최초의 남극점 정복으로 마음이 부풀어 있었지요.
 "썰매를 남겨 놓고 여기저기 작은 식량 저장 기지를 설치한 것은 참 잘한 일이었어요. 돌아가는 길은 꼭 놀러 가는 것 같아요."
 한센의 말에 아문센이 맞장구를 쳤습니다.

"맞아. 임무를 완수했으니까 그렇지!"

"운도 좋았어요. 돌풍이 우리를 몇 주일 동안 천막 안에 묶어 놓았다면 벌써 굶어 죽었을 거예요."

비오란이 웃으며 말했습니다.

온통 새하얀 눈 세상은 어디를 보아도 흰색뿐이어서 방향에 신경을 써야 했습니다.

1월 7일, 자정이 조금 못 되어서 노르웨이 탐험대는 남위 85도 5분에 설치해 놓은 식량 저장 기지에 도착했습니다.

"저기 식량 저장 기지다!"

한센이 외쳤습니다. 이 식량 저장 기지는 최초로 빙상 위에 설치한 것이었지요.

"우린 35일치의 식량을 확보했어."

"야호! 우리와 개들 모두가 안전하게 프람하임까지 돌아가고도 남을 양이에요."

"그럼 오늘 저녁에는 멋진 만찬을 먹어도 되겠지?"

아문센의 목소리에도 한껏 여유가 묻어 있었습니다.

"이 모든 게 대장이 위도를 1도씩 지날 때마다 작은 깃발과 널빤지로 위치를 세심하게 표시해 둔 덕분이야."

아문센 대장의 치밀한 준비는 단연 돋보였습니다.

"앞으로도 계속 식량 저장 기지를 찾아내야지."

"맞아, 베이스캠프에 도착할 때까지 행운은 쭉 계속될 거야."

탐험 대원들의 얼굴에서 웃음이 떠날 줄을 몰랐지요. 이제 더 이상 목숨을 건 위험은 없다는 사실이 한없이 기뻤으니까요.

"그래, 지금까지는. 베이스캠프에 도착할 때까지도 계속 이래야 할 텐데……."

아문센이 썰매에서 내리면서 중얼거렸습니다.

그들이 훼일스 만으로 돌아가는 길은 마치 휴가라도 떠나는 것 같았습니다. 이번 경쟁에서 완벽하게 승리했다는 기쁨에 어떤 어려움도 고생스럽지 않았으니까요.

8일 후, 스키를 타고 앞서 가던 비오란이 환호성을 질렀습니다.

"대장님, 보여요! 프람하임이에요!"

"야호, 돌아왔다!"

다른 대원들도 프라하임을 향해 소리를 질렀습니다.

"우리가 얼마나 오래 탐험을 떠나 있었지?"

"정확히 98일요. 정말 멋진 모험이었지요."

프람하임에 있던 대원들이 달려 나왔습니다. 감격에 겨운 나머지 그들은 눈물을 줄줄 흘렸지요.

"대원 중 한 사람이 썩은 충치를 뺀 것 외에는 모두 무사해. 정말 큰 축복이 아닐 수 없지!"

다음 날 프람호가 훼일스 만에 모습을 나타냈습니다.

1월 30일 저녁, 아문센 일행은 배에 올라 훼일스 만을 벗어났습니다.

다가오는 죽음의 그림자

귀환 길에 나선 스콧 일행은 눈과 얼음을 헤치고 약 650킬로미터에 이르는 거리를 전진했습니다. 그리고 비어드모어 빙하를 타고 내려가기 시작했고, 몇 킬로미터 내려가지 않아 빙하의 정상 부근에 마련해 놓은 식량 저장 기지에 도착했습니다.

"야, 저장 기지다!"

"남아 있는 비축물이 너무 적은데?"

"닷새분밖에 안 되겠는걸."

"그럼 어떡하지?"

스콧이 대원들의 걱정을 덜어 주려는 듯 말했습니다.

"다음 저장 기지는 빙하 중간에 있다. 거기까지만 가면 돼."

스콧은 높은 곳에서 아래로 내려가는 길이 아래에서 위쪽으로 올라오는 길보다 수월하다고 생각했기 때문에, 만약의 사태에 대비한

여분의 식량을 미처 준비해 놓지 않았지요.

다음 날, 일주일 내내 불던 차가운 바람이 멎자 그들은 태양이 비치는 가운데 빙하를 내려갔습니다. 2월 9일, 스콧은 지질학 탐사를 위해 행군을 중단했습니다.

"이곳의 광석을 에번스 곶으로 가져가자. 썰매에 싣게!"

"네? 그러면 썰매가 속력을 낼 수 없는데요."

"우리의 임무 속에는 이 일도 포함되어 있다."

이 잘못된 명령 때문에 일행은 소중한 시간을 잃었습니다. 하루가 지나자 스콧은 식량이 바닥났다는 사실과 늦어도 2월 12일까지는 비어드모어 빙하에 설치해 놓는 중간 저장 기지에 도착하지 않으면 안 된다는 사실을 깨달았지요.

12일 밤, 대원들은 위험하기 짝이 없는 틈 속으로 빠지고 말았습니다. 빙하 사이에 난 푸른 얼음 계곡 속으로 빠져든 것입니다. 대원들은 이곳에서 빠져나오기 위해 죽을힘을 다해 싸운 끝에 완전히 기력을 잃었지요.

눈으로 만들어진 울퉁불퉁한 다리를 통과하던 에드거 에번스는 머리에 부상을 입었습니다.

'제발 빨리 저장 기지를 찾아야 할 텐데……'

스콧은 잠을 이룰 수 없었습니다. 그날 밤, 사방이 얼음 덩어리로 둘러싸인 가운데 그나마 잠깐 눈이라도 붙이고 잘 수 있었던 사람은 환자인 에번스뿐이었지요.

　희뿌연 안개와 함께 찾아든 아침에 대원들은 오들오들 떨면서 안개 속을 헤쳐 나갔습니다.

"대장님, 저기 저장 기지의 깃발이 보입니다!"

윌슨이 안개 속에서 저장 기지의 깃발을 발견했을 때, 그들은 다시 한 번 죽을 고비를 넘겼습니다. 하지만 대원들의 몸은 냉혹한 자연을 더 이상 견디지 못했습니다.

"대장님, 에번스에게 동상과 괴혈병 징후가 나타났습니다."

스콧이 살펴보니 에번스의 손톱 두 개가 떨어져 나가고 없었습니다.

"아니……."

너무 참혹해서 스콧은 더 이상 말을 잇지 못했지요.

"대장님, 아무래도 저는 어렵겠습니다. 더 이상 함께 갈 수 없겠어요."

"절대로 우리끼리 가지 않네. 힘내게."

얼마 뒤 에번스는 거의 미친 사람처럼 행동했습니다.

윌슨과 바우어스가 썰매를 가져와 그 위에 에번스를 눕히고 스콧과 오츠가 급히 세운 천막 속으로 데리고 들어갔습니다.

"에번스를 썰매 위에 단단히 묶어야겠어. 떨어지지 않게."

에번스는 가쁜 숨을 몰아쉬며 고통스러운 표정을 지었습니다.

다음 날, 에번스는 제대로 스키를 신지도 못했습니다. 스콧과 대원들은 에번스를 어떻게 도와야 할지 방법을 찾지 못했지요. 한시라도 빨리 다음 저장 기지에 도착해야 하는 그들로서는 광석을 실은 썰매 위에다 에번스까지 싣고 갈 수는 없었습니다.

남극점에서 지옥 같은 귀환 길에 나선 지도 벌써 한 달이 지났지만 그들은 아직도 꽁꽁 얼어붙은 바위 모서리와 크레바스로 가득한 150킬로미터의 비어드모어 빙하를 벗어나지 못하고 있었습니다. 기온은 여전히 영하 30도였고, 다음 저장 기지까지 가려면 아직도 40킬로미터를 더 가야 했습니다.

'남아 있는 식량으로는 사흘도 버티기 어려울 텐데……'

스콧은 어떤 명령을 내려야 대원들의 목숨을 보전할 수 있을지 막막했습니다.

"대장님, 에번스가 또 처졌어요. 이제 걷지도 못해요."

바우어스가 큰 소리로 스콧에게 말했습니다.

"썰매를 멈춰라!"

스콧은 에번스를 기다리기 위해 썰매를 세웠습니다. 그러나 에번스의 모습은 나타나지 않았지요.

"에번스! 에번스 어디 있나?"

아무 대답도 없었습니다.

"안 돼! 돌아가서 데리고 와야 해!"

스콧은 온 길을 되돌아가기 시작했습니다.

다른 대원들도 썰매를 세우고 그를 뒤따랐습니다. 폭풍이 미친 듯이 불어 댔습니다.

이윽고 눈 위에 꿇어앉아 퉁퉁 부어오른 두 손의 장갑을 벗고 있는 에번스가 보였습니다.

"에번스! 정신 차려!"

이미 에번스의 눈빛은 초점을 잃었고 반쯤 얼이 빠져 있었습니다. 스콧이 부르는 소리도 알아차리지 못하는 듯 멍한 표정으로 동료들을 바라보다가 정신을 잃고 말았지요.

"대장님, 어렵겠어요. 맥박이 거의 안 잡힙니다."

바우어스가 에번스의 맥을 짚어 보면서 침통한 목소리로 말했습니다.

"일단 손에 붕대부터 감아 줘야겠어."

스콧은 퉁퉁 붓고 거무스레하게 변하기 시작한 에번스의 두 손에서 죽음의 그림자를 보았습니다.

얼마 지나지 않아 에번스는 숨을 거두고 말았습니다. 고통에서 벗어난 얼굴은 평온해 보였습니다.

"에번스를 여기에 묻자. 그리고 곧장 출발해서 식량 저장 기지에 꼭 도착해야 한다."

절망, 또 절망

스콧과 대원들은 여러 개의 깎아지른 듯한 얼음 절벽을 헤치고 드디어 7일 뒤인 2월 24일, 비어드모어 빙하 아래쪽에 있는 저장 기지에 도착했습니다. 그동안 아주 적은 양의 음식밖에 먹지 못했던 그들은 허기를 채운 뒤 깊은 잠에 빠졌지요. 그러나 그 행복은 너무나 짧았습니다.

"잘 저장되어 있을 거라고 믿었는데……. 고작 석유 몇 통과 열흘치 식량뿐이라니!"

"대량으로 저장해 둔 '1톤 저장소'로 가야 해."

"하루에 13킬로미터씩 간다고 해도 꼬박 열흘이 걸린다."

대원들에게 한순간 절망감과 외로움이 찾아들었습니다.

하지만 그들은 힘을 내어 다시 일어섰습니다. 빙하를 완전히 벗어나 로스 빙상의 남쪽 끝에 위치한 섐블스 캠프에 간신히 도착했지요. 그곳은 빙하를 오르기 전에 오츠가 조랑말들을 사살했던 곳이었습니다. 대원들은 눈 속에서 조랑말의 시체를 끄집어내 배고픔을 달

랬습니다. 하지만 에번스 곶은 아직 600킬로미터 이상 떨어져 있었습니다. 대원들은 불길한 생각을 떨칠 수 없었지요.

"연료가 조금만 더 있으면 좋겠는데."

"대장님, 우리가 다음 저장 기지에 도착할 수 있을까요?"

이제 그들은 오로지 살기 위해 달렸습니다. 탐험을 완수하는 일은 이미 그들에게 중요하지 않았지요. 기온은 계속해서 떨어져 평균 영하 35도를 기록했습니다. 열흘쯤 지나자 그들 앞에 또 다른 문제가 발생했습니다. 다름 아닌 오츠였지요.

"이 발 좀 봐."

오츠가 흉하게 뭉그러진 발을 내밀었습니다.

윌슨이 오츠의 발을 가까스로 장화에 발을 집어넣고 끈으로 묶었습니다.

"으윽!"

걸음을 떼어 놓던 오츠가 신음 소리를 내며 휘청거렸습니다.

오츠가 체념에 가까운 웃음을 띠며 말했습니다.

"윌슨, 내가 살아남을 가망이 있을까?"

"뭐라고? 대체 그게 무슨 말이야?"

"별로 어려운 질문도 아니잖아."

누구가 보아도 오츠가 가망이 없다는 것은 분명했습니다.

"오츠, 너의 생명력은 강해. 포기하면 안 돼."

윌슨은 도리질을 했습니다.

"그래, 알았네. 난 잘 걸을 수 있어. 자, 봐!"

기온은 다시 영하 29도. 다시 기온이 더 떨어진다면 오츠도, 그들 중 그 누구도 견뎌 낼 수 없을 것입니다.

그들에게 남아 있는 마지막 희망은 다음 기지에 있는 식량이었습니다.

"어서 가자."

스콧은 일어나서 웃옷 주머니에 일기장을 집어넣었습니다.

"야영 천막을 세우기 전에 최소한 60킬로미터를 더 가야 해."

오츠는 절뚝거리면서 천막을 떠나 썰매로 다가갔습니다.

"오츠는 더 이상 걸을 수 없어요. 썰매에 태워야 해요."

윌슨이 중얼거렸습니다.

"그래, 어떤 경우라도 우리 중 누군가를 혼자 버려 두지는 않을 거야."

스콧은 천막을 접으면서 중얼거렸습니다.

그들의 마지막 한 가지 목표는 살아남는 것이었습니다. 눈보라는 더욱 세차게 퍼부었고, 하늘은 칠흑같이 어두웠으며 눈은 두껍게 쌓였습니다.

전 세계의 발견이 완료되다

아문센이 이끄는 프람호의 대원들은 남극의 훼일스 만을 떠난 지 한 달여가 지난 3월 4일 육지를 발견하고, 사흘 후에는 오스트레일리아의 태즈메이니아의 호바트에 도착했습니다. 아문센은 남극점 정복을 알리는 전보를 쳤습니다.

12월 14일 남극점 정복. 모두 무사함.

세계의 언론들은 그 전보 내용을 머릿기사로 실었습니다.
'전 세계의 발견이 완료되었다!'
미국의 신문 《뉴욕 타임스》의 기사 제목이었지요.

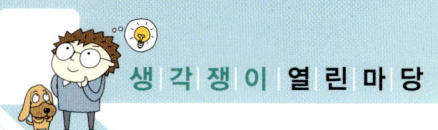 

남극 하늘에 뚫린 오존 구멍

지구의 환경 오염이 인류의 가장 큰 문제로 떠오른 지 오래다. 지구상에서 가장 깨끗하다는 남극도 예외가 아니다.

지구의 모든 생명체들이 숨을 쉬며 살아갈 수 있는 것은 지구를 둘러싸고 있는 대기 덕분이다. 산소, 질소, 아르곤, 이산화탄소, 오존, 수증기 등의 혼합 기체로 이루어진 대기는 지구의 인력, 즉 서로 떨어져 있는 물체가 서로를 끌어당기는 힘 때문에 지구 둘레를 벗어나지 않는다. 대기의 두께는 약 600~1000킬로미터로 이 공간을 대기권이라고 한다. 대기권은 대류권, 성층권, 중간권, 열권 등으로 나뉜다.

대기 속에 들어 있는 오존의 90%는 성층권에, 나머지 10%는 대류권에 들어 있는데 특히 성층권에서도 25킬로미터 부근에 집중적으로 모여 있으며 이 층을 '오존층'이라고 일컫는다.

대류권에 들어 있는 오존은 우리의 눈과 호흡기를 자극하는 등 인체에 해롭고 농작물에도 피해를 준다. 특히 일조량이 많은 여름철, 하루 중에서

오후 2~5시에 대류권의 오존이 크게 증가하며, 우리나라에서도 요사이는 자주 위험 수치를 보인다. 그래서 1995년부터 1시간 평균 오존 농도가 0.12ppm 이상일 경우 오존 주의보를 내려 실외 활동을 자제하게 하는 등 오존 경보 제도를 실시하고 있다.

　이와는 달리 성층권의 오존층은 태양의 강렬한 자외선을 차단하여 지구 생명체를 지켜 주는 보호막 역할을 한다.

　그런데 남극에서 봄에 해당하는 10월 무렵에 오존층에 구멍이 생긴 듯한 현상이 보이는데 오존 농도가 보통때의 절반 정도로까지 떨어지는 '오존 홀(holl)' 현상이 나타나고 있다. 냉장고나 에어컨 등의 냉매, 드라이 클리닝 용제, 반도체나 정밀 부품 세척제, 스프레이와 같은 분사제 등에 사용되는 프레온 가스와, 불이 났을 때 불을 끄는 소화기에 사용되는 할론 가스 등에 의해서 오존이 파괴되기 때문이다.

　이에 전 세계 여러 나라는 오존층 보호에 나섰다. 1985년에 오존층 보호를 위한 비엔나 협약을 통해 오존층 보호를 약속하고, 대기의 작용에 대한 이해를 증진시키기 위한 과학적인 연구에 서로 협력할 것을 약속했다.

　또한 1987년에 오존층 파괴 물질의 규제에 관한 국제협약인 몬트리올 의정서를 통해 모든 오존층 파괴 물질의 방출을 줄이고 궁극적으로는 완전히 없애기로 합의했다. 물론 우리나라도 참여하고 있다.

아름다운 패배자
스콧이 남긴 것

스콧의 일기

　스콧은 전통적인 영국 해군 장교의 교육을 받고 군인으로 살아 온 사람입니다. 무조건인 복종을 강요하는 해군의 생활은 스콧의 결단력을 약하게 만들었습니다.

　스콧은 귀환 대원들을 마중 나올 장소를 이리저리 바꾸는 등 몇 번이나 지시 사항을 바꿨습니다. 베이스캠프에 있던 대원들은 머리를 갸우뚱거릴 수밖에 없었지요.

　'변경된 지시 사항이 앞뒤가 맞지 않아. 이런 지시로는 제대로 일할 수 없잖아?'

　스콧의 지시 사항은 제대로 따를 수 있을 만한 정확한 명령이 아니었습니다.

 2월 중순에 학술 요원인 체리 개라드가 썰매개 인도자인 드미트리와 함께 1톤 저장 기지로 출발했습니다. 남극점 정복자들을 환영하기 위해서였지요.

 3월 4일부터 두 사람은 엿새 동안 1톤 저장 기지에서 야영하면서 스콧 일행을 기다렸습니다. 하지만 아무리 기다려도 오지 않자 다시 에번스 곶으로 돌아왔습니다.

 이후 스콧의 탐험대가 벌인 죽음과의 싸움은 스콧의 일기장에 잘 나타나 있습니다.

3월 6일 화요일. 여기서부터 다음 저장 기지까지는 50킬로미터. 죽을힘을 다해 걸었지만 시간당 2킬로미터도 이동하지 못했다. 하루에 16킬로미터면 연료가 떨어지기 전에 도착할 수 있을 텐데. 불쌍한 오츠는 더는 일어서지 못한다. 그는 다른 일행들이 길을 찾는 동안 썰매 위에 앉아 있다. 오츠는 우리의 행군을 더욱 느리게 만들고 있다. 본인은 짐이 되지 않으려고 최선을 다하고 있지만.

3월 7일 수요일. 1톤 저장 기지까지는 30킬로미터나 남아 있다. 물품이 잘 보관되어 있다면 우리는 다음 캠프까지 갈 수 있을 것이다. 그러나 1톤 저장 기지까지 갈 수 없을 것 같다. 아침에 보니 오츠의 한쪽 발이 더욱 심하게 부어 있었다. 오츠의 인내력은 정말 대단하다. 죽음이 다가온 게 틀림없다.

3월 9일 금요일. 식사 배급량을 줄였다. 우리 중 그 누구도 잘못을 저지르지 않았다. 어쩌면 개들이 우리를 구원해 주었을지도 모르지만 계획은 마음먹은 대로 되지 않았다. 모든 것이 비참하게 빗나갔다.

3월 10일 토요일. 날씨가 최악이다. 옷 위로 한 층의 얼음이 감싸고 있다. 어제 우리는 후퍼 산에 있는 저장소에 도달했다. 그러나 기대보다 물품이 적었다. 우리는 점점 쇠약해져 가고 있다. 오츠의 발은 점점 더 나빠지고 있다. 자신의 상태를 잘 알고 있지만 오츠는 용기를 잃지 않으려고 한다. 단 하나의 희망은 구조대를 만나는 것뿐.

3월 11일 일요일. 동료 오츠가 죽음을 눈앞에 두고 있다. 우리 모두 잘 안다. 그는 멋지고 용감하다. 자신의 상황을 깨닫고 우리에게 도움을 청했다. 다시 힘이 날 때까지 참고 견뎌야 한다는 말 외에 우리가 무슨 도움을 줄 수 있겠는가?

3월 12일 월요일. 어제 우리는 12킬로미터를 더 나아갔다. 오츠는 이제 어쩔 도리가 없다. 두 발과 두 손을 완전히 쓸 수 없게 되었다. 우리가 넘어야 할 거대한 얼음 덩어리가 끔찍하기만 하다. 살을 에는 듯한 강추위. 신이여, 우리를 도와주소서!

3월 14일 수요일. 어제는 무서운 북풍이 몰아쳤고 기온은 영하 38도로 떨어졌다. 우리는 천막 속에서 꼼짝 않고 있어야만 했다. 오늘 아침에는 바람이 잔잔해져 썰매의 돛을 이용해서 앞으로 많이 나아갔다. 불쌍한 윌슨은 추위에 몸이 굳어서 스키조차 벗지 못했다. 그래서 바우어스와 둘이서 천막을 쳤다. 천막 속으로 기어 들어갔을 때는 영하 41도나 되었다. 무서운 추위였다. 가엾은 오츠는 여전히 고통에서 벗어나지 못하고 있다. 이 계절에 이렇게 기온이 떨어지리라고는 생각도 못했다. 우리는 마지막까지 참고 견딜 것이다. 식량을 더 절약한다는 것은 불가능하다.

3월 16일 금요일, 스콧은 완전히 시간 감각을 잃어버렸습니다.
　스콧과 바우어스, 윌슨과 오츠가 누워 있는 천막 위로 폭풍이 미친 듯이 휘몰아치고 있었지요. 침낭은 딱딱하게 굳어 있었고 너무 얇게 느껴졌습니다.

잠에서 깨어나자 아직도 자신이 살아 있다는 데 놀라워하는 오츠의 얼굴 위로 희미한 빛이 스쳤습니다.

"나만 없다면 더 나을 겁니다. 제발 나를 두고 떠나세요."

오츠는 힘없는 목소리로 중얼거렸습니다.

"자네는 끝까지 우리와 함께 가네. 발로 가든 발 없이 가든."

스콧이 큰 소리로 말했습니다. 오츠는 동료들을 감사의 눈길로 쳐다보았습니다. 오츠는 물론 대원들 어느 누구도 상태가 좋지 않았습니다. 그날 저녁, 오츠가 대원들에게 부탁했습니다.

"꼭 우리 어머니에게 내 일기장을 전해 주세요. 그리고 윌슨, 내 의약품 자루에 진통제가 있어. 내게 주사 좀 놔 줘."

천막을 쓸어 가 버릴 것 같은 돌풍이 불어 그의 이야기를 멈추게 했습니다. 오츠가 고통스러운 듯 침낭을 벗어 던질 때마다 동료들은 다시 덮어 주었지요.

희미한 빛이 갑자기 천막 속으로 비쳐 들었습니다. 흐린 하늘 사이로 태양이 잠시 얼굴을 드러낸 것입니다. 갑자기 오츠가 벌떡 일어났습니다. 어디서 그런 힘이 났는지 단호한 목소리로 말했어요.

"잠시 밖에 나갔다 오겠습니다. 시간이 좀 걸릴지도 모르겠습니다."

그를 붙잡기 위해 일어날 힘이 있는 사람은 아무도 없었습니다. 그는 단 한 마디 원망도 하지 않고 사나이답게, 또한 군인답게 죽음을 맞이한 것입니다.

"우리에게도 저런 순간이 오겠지. 머지않아……."

스콧은 힘없이 중얼거렸습니다.

그들은 죽을힘을 다해 12일 동안 버텨 왔습니다. 다음 날, 남은 세 사람, 즉 스콧과 윌슨과 바우어스는 아픈 발을 질질 끌면서 다시 앞으로 나아갔습니다.

3월 21일 수요일. 월요일 저녁에 우리는 저장소 쪽으로 17킬로미터나 더 다가갔다. 하지만 어제는 엄청난 눈보라 때문에 하루 종일 발이 묶였다. 오늘 우리는 마지막 희망을 버렸다. 윌슨과 바우어스가 날씨가 좋아지는 대로 식량 저장 기지에서 연료를 가지고 오기로 했다.

3월 22일 목요일. 눈보라가 더욱 심해졌다. 윌슨과 바우어스는 식량 저장 기지로 출발할 엄두도 내지 못했다. 가려면 기회는 내일밖에 없다. 희망이 모두 사라졌다. 연료는 바닥났고 식량도 더는 남아 있지 않다. 죽음이 다가오고 있다. 우리는 앉아서 죽음을 맞지 않기로 결정했다. 식량 저장 기지를 향해 나아갈 것이다. 가다가 죽음을 맞이할 것이다.

그러나 그들은 결코 천막 밖으로 한 발짝도 나가지 못했습니다. 폭풍이 천막 주변의 눈 더미를 높이 쌓아 올렸다가 흩어 버리곤 했으니까요. 그들은 천막 안에 머물면서 가족과 친구들에게 작별의 편지를 썼습니다.

스콧은 이번 탐험의 자금을 댄 런던의 은행가인 에드워드 스파이스 경에게 편지를 썼습니다.

에드워드 스파이스 경,
죽어야 한다니 두렵습니다. 저는 이런 어려운 일을 해내기에는 경험이 부족했습니다. 저보다 더 젊은 사람들이 제 앞에서 하나씩 무너져 갑니다. …… 우리는 영국 사람들에게 좋은 본보기를 보여 줄 것입니다. 어려움에 처한 모습을 통해서가 아니라, 어려움에 처했을 때, 그 어려움에 맞서 사나이로서 꿋꿋하게 저항하는 모습을 통해서 말입니다.

3월 22일, 영국 탐험대는 마지막으로 남은 식량을 먹고 차가운 차 한 잔을 마셨습니다. 윌슨과 바우어스는 천막에서 잠이 든 듯 조용했습니다. 스콧은 오래전부터 움직이지 않고 누워 그들의 얼굴을 살펴보았습니다. 그들은 이미 죽어 있었습니다.

자신에게 서서히 다가오는 죽음을 기다리는 스콧에게 그들이 언제 죽었는지는 중요하지 않았습니다. 동료들이 곁에 있다는 것이 그의 마음을 가볍고 평온하게 해 주었습니다. 그는 혼자가 아니었지요. 그는 자기보다 몇 발짝 앞서 간 그들과 함께 계속 갈 것입니다. 그는 붕대가 감긴 손으로 연필을 움켜쥐었습니다. 3월 29일의 일기는 그가 남긴 마지막 유언입니다.

21일부터 그칠 줄 모르는 폭풍이 남서쪽에서 몰아쳐 오고 있다. 17킬로미터 정도밖에 떨어져 있지 않은 식량 저장 기지를 향해 날마다 행군 준비를 했지만, 천막 바깥쪽 세계는 우리를 주저앉힌다. 상황이 나아지리라고 기대할 수 없다. 죽음이 머지않았다……. 아, 내 가족을 생각하니 안타깝다. 신이시여, 부디 뒤에 남은 사람들을 보살펴 주옵소서. 아, 더는 쓸 수가 없다…….

R. 스콧

스콧의 손은 힘을 잃었고 손가락은 동상으로 터져 버렸습니다. 그는 머리를 숙이고 몸을 침낭 깊숙이 밀어 넣었습니다.

발견될 때 모습 그대로

에번스 곶에 남아 있는 영국 탐험대 대원들에게 겨울은 끝없이 길게만 느껴졌습니다. 스콧과 그 일행을 기다리며 불안한 생각이 마음을 짓눌렀지요.

아홉 달이 지나도록 소식이 없자 수색대가 찾아 나섰습니다. 11월 12일, 탐험대의 제1저장 기지에서 18킬로미터 떨어진 지점에서 눈 덮인 천막을 발견했습니다.

"이리 와 보세요! 저쪽에 초록색 천막이 하나 있습니다!"

앳킨슨 박사는 천막 밖으로 뛰어나와 망원경을 지평선에 맞추었습니다. 흐릿한 빛 속에서 그림자처럼 보이는 작은 눈 언덕이 희미하게 망원경에 들어왔습니다.

대원들은 허겁지겁 스키를 신고 그곳으로 향했습니다. 끝없는 벌판에서 들리는 소리라고는 그들의 헐떡거리는 숨소리와 얼음이 바스락거리는 소리뿐이었어요. 그들은 자신들이 비극의 현장에 다가서고 있음을 알고 있었지요.

천막은 마치 에스키모의 이글루처럼 보였습니다. 바람에 날려 온 눈이 천막을 완전히 덮고 있었으니까요. 천막에서 몇 발짝을 남겨 놓고 대원들은 거의 동시에 발길을 멈추었습니다. 어느 누구도 감히 더 가까이 다가갈 용기를 내지 못했지요.

"자네들 도대체 뭐 하고 있는 건가? 빨리 가세!"

앳킨슨 박사가 외쳤습니다. 그는 천천히 앞으로 나가 스키를 벗고는 천막 위에 쌓인 눈을 털어 내고 두 손으로 천막의 조그만 틈을 벌렸습니다. 그는 새하얘진 얼굴로 그 자리에서 움직이지를 못했습니다. 대원들이 우르르 다가갔습니다. 몇몇은 천막 속을 바라보았지만 다른 이들은 천막 안을 들여다보지 못하고 가까이에 서 있기만 했습니다.

스콧 동상 영국 남부 햄프셔 주에 있는 스콧의 동상은 멀리 바다를 내다보고 있다.

"맙소사……."

앳킨슨은 바닥에 주저앉아 손으로 얼굴을 가렸습니다.

"오, 이런!"

다른 사람들도 얼굴을 가린 채 오랫동안 무릎을 꿇고 주저앉아 있었습니다. 천막의 위치는 남위 79도 50분. 스콧은 자기 침낭의 한쪽을 뒤로 젖히고 팔을 윌슨에게 걸쳐 놓고 있었습니다.

사람들은 침통한 표정이었습니다.

"천막을 그대로 무너뜨려 마지막 모습이 그대로 남을 수 있게 둡시다."

앳킨슨 박사가 무거운 침묵을 깨고 말을 꺼냈습니다.

남극점을 세계에서 두 번째로 탐험한 그들은 침낭 안에 누워 있는 모습 그대로 묻혔습니다.

1913년, 스콧이 죽었다는 소식과 함께 그의 일기장과 편지가 영국 국민에게 전해졌을 때, 사람들은 스콧의 죽음을 영국의 위대함과 더불어 칭송했습니다.

마지막까지 보여 준 용기로 스콧은 조국에서 기사 작위*를 받았습니다. 아문센은 스콧의 죽음을 노르웨이로 가는 대서양 위에서 알았습니다.

작위 왕족이나 뛰어난 신하에게 수여하던 명예의 칭호 또는 그 계급을 가리킴.

"스콧이 죽다니! 어떻게 이런 일이!"

아문센은 신문을 몇 번이고 확인했습니다.

대원들이 아문센의 목소리에 놀라서 달려왔습니다.

"무슨 일입니까? 스콧 대장이 죽다니요?"

"어쩌다가 이런 비극이!"

"우리한테는 그저 한바탕 달리기 시합과 같았는데……. 너무 마음이 아픕니다."

"……."

아름다운 패배자 스콧이 남긴 것

해가 지지 않는 나라, 대영 제국

스콧이 남극점에 도전하게 된 이유 가운데 하나로 그의 조국인 영국의 명예와 야망을 빼놓을 수 없다.

유럽 서부 대서양에 자리한 섬나라 영국의 엘리자베스 1세(재위 1558~1603)는 에스파냐의 무적함대를 영국 해협에서 물리치고 해상의 패권을 잡았다. 그 뒤 17세기부터 본격적으로 남북아메리카 대륙 및 오스트레일리아 대륙을 이르는 신대륙과 동양으로 진출했다. 특히 18세기에 프랑스 나폴레옹 1세(재위 1804~1815)와의 전쟁에서 승리하여 유럽의 강자로 떠오르며 이른바 '대영 제국'을 건설해 나갔다. 북아메리카, 서인도제도, 인도, 캐나다, 오스트레일리아, 뉴질랜드, 남아프리카 등지를 식민지 또는 보호령으로 지배하게 되었다. 한때 세계 육지 면적의 4분의 1, 세계 인구의 6분의 1을 지배하여 '해가 지지 않는 나라'라고까지 불리게 되었다.

이러한 지배의 결과로 영국은 인류 역사상 최초의 초강대국이 되었으며,

세계 역사에 경제, 법, 군사, 스포츠, 교육, 학술, 과학 등 문화와 사회 면에서 많은 영향을 미쳤으며, 특히 영어를 세계 공용어의 위치에 올려놓았다.

스콧이 활동한 시기는 대영 제국의 전성기 막바지로서, 스콧의 남극 도전은 대영 제국의 명예를 빛내기 위한 측면이 많았다. 대영 제국의 해군 장교로서 스콧의 도전은 자연스러운 행동이었다고 여겨진다.

영국은 1899년 남아프리카에서 벌인 보어 전쟁 이후 다른 나라나 민족을 정벌하여 대국가를 건설하려는 제국주의에 대한 반성의 목소리가 일기 시작했다. 또한 제1차 세계 대전과 제2차 세계 대전을 거치며 그동안 지배해 오던 많은 영토가 독립해 나가 제국으로서의 모습을 잃게 되었다. 현재는 영국 본토인 브리튼 섬 이외에는 대부분 영국 연방의 형태로 남아 있다.

아문센의 멈추지 않는 도전

기어이 북극점을 통과하다

"우아! 만세, 아문센 만세!"

노르웨이에서는 아문센 일행을 맞이하는 큰 환영 행사가 벌어졌습니다. 그가 쓴 《남극점》은 펴내기가 무섭게 팔려 나갔고, 아문센은 유럽과 미국을 돌며 강연을 하였지요.

'많은 돈이 생겼으니 프람호를 다시 수리해야지.'

아문센은 프람호를 수리하고, 비행기도 한 대 샀습니다. 그리고 선박 사업에 투자해 해운업자가 되었습니다. 얼마 안 되어 그는 스스로 탐험대를 조직할 만큼 큰돈을 모을 수 있었지요.

1918년 6월 15일, 아문센을 태운 모드호는 노르웨이를 출발하여 동쪽으로 향했습니다. 7년이나 계속된 긴 여행 동안 배는 끊임없이 얼음에 갇혔지요. 1925년 초, 모드호는 북극의 반을 돌아 베링 해협을 거쳐 미국의 시애틀에 닿았습니다. 그동안 아문센은 엄청난 양의 학술 자료를 모았고, 가치를 따질 수 없는 귀중한 연구를 했습니다. 그러나 평생의 소원인 북극점에 도달하거나, 가까이 다가서려는 그 목표는 이루지 못했지요.

'난 포기하지 않아. 반드시 북극점에 갈 거야.'

그 소원은 뜻밖의 인연으로 이루어졌습니다.

이탈리아의 노빌레가 자신의 비행선 노르게호로 북극점을 통과하지 않겠느냐고 아문센에게 제안한 것입니다. 아문센은 흔쾌히 받아들였지요.

노르게호는 1926년 5월 11일 오전 8시, 뉘올레순에서 북극점으로 비행을 시작했습니다. 아문센은 자기의 비행 파트너로 남극 탐험을 같이 했던 비스팅을 택했지요. 비행선은 이튿날 북극점 하늘을 통과했습니다.

"오, 북극점을 통과했다!"

"우리가 해냈어요! 남극점과 북극점을 모두 다요!"

아문센과 비스팅은 세상에서 처음으로 남극점과 북극점을 모두 통과한 유명 인사가 되었지요.

세계는 아문센과 비스팅에게 놀라움과 경탄에 가득 찬 시선을 보냈습니다. 세상의 관심이 아문센과 비스팅에게만 쏠리자 노빌레는 속으로 결심했지요.

'기필코 단독 비행을 해야겠다.'

이후 노빌레는 이탈리아 인으로만 구성된 탐험대를 이끌고 한 번 더 같은 비행을 떠납니다.

아름다운 죽음

1928년 3월 20일 아침, 노빌레가 이끄는 비행선 이탈리아호는 북극점을 향해 로마를 출발했습니다. 뉘올레순에 착륙한 것이 5월 6일이었고, 하루 뒤인 5월 7일 0시 20분에 북극점에 도달했지요. 그러나 돌아오는 길에 강한 눈보라에 휘말려 추락하고 말지요. 이 소식은 즉시 전 세계에 알려졌습니다.

신문을 받아 든 아문센은 깜짝 놀랐습니다.

"당장 구조대를 조직해야 해!"

아문센은 곧장 구조대를 이끌고 북극점을 향해 떠났습니다.

6월 3일, 러시아 아마추어 무전 기사인 니콜라스 슈미트가 조난된 사람들이 보낸 희미한 구조 신호를 받았습니다.

북극점을 횡단 비행한 비행선 노르게호 1926년 아문센, 비스팅, 노빌레 세 사람은 노르게호를 타고 최초로 북극점 상공을 통과했다.

사람들은 귀를 쫑긋 세운 채 숨을 죽였지요.

"우리는 스피츠베르겐에 있는 카를 12세 섬으로부터 북쪽 57킬로미터 지점에 있다."

사람들의 입에서 환성이 터져 나왔습니다.

"살아 있다! 어서 구조대를 보냅시다."

6월 18일, 조난자들은 러시아 쇄빙선 크라신이 그들에게 가고 있는 중이며, 아문센 역시 직접 구조대를 조직하고 있다는 소식을 무전을 통해 전해 들었습니다.

아문센은 프랑스 수상 비행기 라탐 47호에 올랐습니다.

"멀리 곰 섬이 보인다!"

구조 본부에 이 무전을 보낸 구조대는 더 이상 연락을 보내지 않았습니다.

조난자 항해나 비행, 등산 따위를 하는 도중에 재난을 만난 사람.

쇄빙선 얼어붙은 바다나 강의 얼음을 깨뜨려 부수고 뱃길을 내는, 특수한 장비를 갖춘 배. 강력한 추진 기관을 갖고 있음.

불길한 예감을 떨치며 사람들이 조심스레 입을 열었지요.

"혹시 사고가 난 게 아닐까요?"

시간이 지나갈수록 사람들의 표정이 어두워져 갔습니다.

"무슨 소식 없습니까?"

"유감스럽게도 없습니다."

"아문센이 조난당한 게 아닐까요?"

"아문센은 그렇게 쉽게 죽을 리가 없습니다!"

그러나 8월 30일, 그 믿음은 여지없이 무너졌습니다. 어선 한 척이 라탐 47호의 부서진 날개 조각을 발견한 것이지요.

사람들은 아문센이 이제 이 세상 사람이 아니라는 사실을 받아들여야 했습니다.

남극점에 첫 발자국을 찍은 용기 있는 사람, 아문센의 죽음은 고귀한 희생 정신을 보여 주는 아름다운 이야기로 오래오래 기억되고 있습니다.

아문센과 스콧의 발자취

1868년 영국에서 스콧이 태어남.

1872년 노르웨이에서 아문센이 태어남.

1882년(스콧 14세) 영국 해군에 입대함.

1860　　　　1870　　　　1880

1866년 독일의 통일을 놓고 프로이센·오스트리아 전쟁이 일어남.

1876년 조선이 일본과 불평등 조약인 강화도 조약을 맺음.

1877년 영국 여왕 빅토리아가 인도 황제를 겸함으로써 인도 제국이 성립.

1881년 프랑스가 투르크로부터 튀니지를 획득하여 보호국으로 삼음.

1884년 조선에서는 급진개화파가 독립과 근대화를 목표로 갑신정변을 일으킴.

1887년 베트남·캄보디아·라오스가 프랑스의 지배를 받게 됨.

1895년 (아문센 23세) 1등 항해사가 됨.

1897년 (아문센 25세) 벨기에 탐험대에 일등 항해사로 참가하여 처음으로 남극권에서 겨울을 보냄.

1897년 (스콧 29세) 소형함의 부장이 됨.

1901~04년 (스콧 33세~36세) 영국 배 '디스커버리호'의 남극 대륙 탐험을 지휘하는 과정에서 학술적인 활동에 대한 능력과 지도력을 인정받음.

1903~06년 (아문센 31~34세) 47톤 급의 슬룹선 '이외아호'를 타고 북서 항로를 따라 동쪽에서 서쪽으로 항해함.

1909년 (아문센 37세) 북극 횡단 탐험을 계획하던 중 그해 4월 미국의 피어리가 이미 북극점에 도달했다는 소식을 들음.

1890

1893년 독일의 기계 기술자 루돌프 디젤이 디젤 엔진을 발명.

1894년 마르크스가 자본주의를 비판한 《자본론》을 완성.

1895년 일본 자객들이 경복궁에 침입하여 명성황후를 시해한 을미사변이 일어남.

1896년 그리스 아테네에서 제1회 올림픽 대회가 열림.

1898년 쿠바 섬의 이해관계를 둘러싸고 미국과 에스파냐 사이에 전쟁이 일어남.

1899년 남아프리카 공화국에서 영국인과 보어인 사이에 보어 전쟁이 벌어짐(~1902).

1900

1902년 러시아의 남진 정책을 막기 위해 영국과 일본이 영·일 동맹을 맺음.

1904년 모로코가 프랑스의 보호령이 됨.

1905년 조선이 일본과 강제로 을사조약을 맺고 외교권을 박탈당함.

1909년 미국의 탐험가 피어리가 북극점에 도달.

1910년 (아문센 38세) 목표를 남극으로 바꿈. 남극에서 100킬로미터 정도 가까운 곳에 기지를 설치.

1910년 (스콧 42세) 로스 해 지역을 연구하고 남극에 도달하기 위한 목적으로 6월에 2번째의 남극 탐험에 나섬.

1911년 (아문센 39세) 10월 19일 4명의 동료와 52마리의 개를 이끌고 썰매를 이용하여 남극을 향해 출발함. 스콧 일행보다 34일 앞선 12월 14일에 인류 최초로 남극점에 도달하는 기록을 세움.

1911년 (스콧 43세) 10월 동력썰매, 조랑말, 개 등의 탐험 장비를 준비하여 일행 11명과 함께 케이프 에번스를 출발하여 육로로 남극 탐험에 나섬.

12월 10일 3명이 썰매를 끌면서 비어드모어 빙하를 오르기 시작해 12월 31일에는 탐험대 중에서 7명이 기지로 돌아옴.

스콧과 동료 3명은 1912년 1월 17일 남극점에 도달. 귀환길에 눈보라 속에서 고립되어 세상을 떠남.

1912년 (아문센 40세) 《남극점》을 집필함.

1912년 (스콧 44세) 11월 12일 수색대가 얼어붙은 시체, 비어드모어 빙하의 지질 표본, 탐험 일정을 상세히 기록한 스콧의 기록부와 일기장을 찾아냄.

1918년 (아문센 46세) 북극 지역의 항해가 실패로 돌아간 이후, 비행기를 이용해 북극점에 도달하려는 계획을 세움.

1925년 (아문센 53세) 미국의 탐험가 엘즈워스와 함께 북극에서 약 170킬로미터 떨어진 지점까지 접근.

1926년 (아문센 54세) 이탈리아인 항공 기술자 노빌레 등과 함께 비행선으로 북극점 상공을 통과함.

1927년 (아문센 55세) 엘즈워스와 공동으로 《북극해 최초 횡단》을 집필함.

1928년 (아문센 56세) 스피츠베르겐 근처에서 비행선 사고를 당한 노빌레를 구하기 위해 그곳으로 날아가던 중 조난을 당해 세상을 떠남.

1910

1910년 남아프리카 연방이 영국령이 됨.

1918년 미국의 윌슨 대통령이 전쟁을 마치기 위한 평화 원칙으로 14개조 평화 원칙을 발표.

1919년 제1차 세계 대전이 끝난 후 승전국들이 파리에 모여서 전후 처리를 위한 회의를 함.

1920

1924년 중국의 공산당과 인민당이 협력 관계 맺음으로써 제1차 국공 합작이 이루어짐.

1931년 일본이 중국의 만주를 침략함으로써 만주 사변이 일어남.